rowohlt

Martin Walser

Über Rechtfertigung, eine Versuchung

Rowohlt

5. Auflage Februar 2016
Copyright © 2012 by Rowohlt Verlag GmbH,
Reinbek bei Hamburg
Satz Stempel Garamond PostScript, InDesign
Gesamtherstellung CPI books GmbH, Leck, Germany
ISBN 978 3 498 07381 7

*Für Frank Hertweck,
für Susanne Klingenstein
und für Vanessa, die jüngste
Theologin Deutschlands*

1.

Gerechtfertigt zu sein, das war einmal das Wichtigste. Staaten legitimieren sich durch Gesetze. Regierungen durch Wahlen. Aber der Einzelne?

Das durchdringendste Beispiel einer Suche nach Rechtfertigung hat Kafka geliefert im Prozess-Roman. Josef K. wird eines Morgens verhaftet, ohne dass er etwas Übles getan hätte. Zur Verhandlung gegen ihn muss er in die Vorstadt, wo die Ärmeren wohnen. Alle Angeklagten, die dort vernommen werden, stammen, heißt es, aus den «höheren Schichten». Als Josef K. zum ersten Mal am Sonntag in einem dieser schlechtbeleuchteten Säle die Masse von Menschen bemerkt, die offenbar seine Vernehmung erleben wollen, hat er den Eindruck, «in eine Versammlung einzutreten»; in der ersten Fassung stand da, es handle sich um eine «sozialistische Versammlung». Es ist nur eine gelinde Trivialisierung zu sagen, *Der Proceß* sei der Roman einer Gewissenserforschung, einer Suche nach Rechtfertigung. Der, dem diese Rechtfertigung so fehlt, dass er den Prozess förmlich auf sich zieht, das ist der «Prokurist einer großen Bank». Josef K. sucht dann Hilfe überall, auch in der

Kunst, schließlich in der Religion. Alles umsonst. Er kann, wie er ist und lebt, nicht leben.

Kafka hat den Werktag, die politische Spur, nicht ganz und gar getilgt. Trivialisierend könnte man sagen, Josef K. habe ein schlechtes Gewissen den Ärmeren gegenüber. Josef K. erwacht und wird verhaftet, Gregor Samsa erwacht und findet «sich in seinem Bett zu einem ungeheuren Ungeziefer verwandelt». Man hat sich angewöhnt, Samsa als Käfer zu sehen, und das auch in Illustrationen ausgedrückt. Aber ein «ungeheures Ungeziefer» ist doch noch einmal etwas anderes als so ein Käfer. Da steht nicht: Er war in ein ungeheures Ungeziefer verwandelt, sondern: Er «fand [...] sich in seinem Bett zu einem ungeheuren Ungeziefer verwandelt.» Und wie es dazu kommt, dass der Tuchreisende Samsa sich als Ungeziefer erlebt, das wird sorgfältig erzählt. Er, der Handlungsreisende, wacht auf, erkennt, dass er seinen Zug versäumt hat, gerät in Panik, denn er wird das Geld nicht verdienen, also ist er ein Parasit, also ein «ungeheures Ungeziefer». Und die Umwelt tut das Ihre, ihn darin zu bestätigen. Bis auch er bereit ist, «freiwillig» zu sterben, weil er nur so die Familie von der Schande befreien kann, die er als Parasit ist.

Fünfzig Jahre vorher lässt Dostojewski in *Aus dem Dunkel der Großstadt* einen Kanzleisekretär sagen: «Ich versichere Ihnen feierlichst, schon mehrere Male wollte ich ein Insekt werden, doch selbst dazu langte es nicht.» Und fast einhundert Jahre davor schreibt Jean Paul in seinem Roman *Hesperus*: «[...] ihm fiel in jede große Freude der Zweifel wie ein bitterer Magentropfen hinein, ob er sie verdiene», und fährt fort, dass Kindern aus besseren Häusern dieser alles verbitternde Zweifel von Anfang an wegerzogen wird. Und wie recht er da hatte, hat wiederum gut hundert Jahre später Thomas Mann seinen Tonio Kröger sagen lassen: «Es ist gerade genug, daß ich bin, wie ich bin, und mich nicht ändern will und kann». Er sieht sich mit allem, was er fühlt und denkt, gerechtfertigt. Und fast zur gleichen Zeit, also am Anfang des 20. Jahrhunderts, sagt Jakob von Gunten, die Romanfigur Robert Walsers:

«Wie glücklich bin ich, daß ich in mir nichts Achtens- und Sehenswertes zu erblicken vermag! Klein sein und bleiben. Und höbe und trüge mich eine Hand, ein Umstand, eine Welle bis hinauf, wo Macht und Einfluß gebieten, ich würde die Verhältnisse, die mich bevorzugten, zerschlagen, und mich selber würde ich hinabwerfen ins niedrige, nichtssagende Dunkel. Ich kann nur in den unteren Regionen atmen.»

Das ist die radikale Absage an die Lebensmöglichkeit. So weit war aber im Jahr 1795 auch schon Jean Paul in seinem *Hesperus*: «Dann spei' ich aufs Ganze, wenn ich das Opfer bin, und verachte mich, wenn ich das Ganze bin.»

Sie sind alle gleich radikal, Jean Paul, Dostojewski, Kafka, Robert Walser. Radikal in der Selbstverneinung. Radikal im Erlebnis, dass es für sie keine Rechtfertigung mehr gibt. Radikal in der Absage an Geschichte. Jede gesellschaftliche Veränderung zu ihren Gunsten wird verneint, man könnte sagen: absolut verneint. Was für ein Mangel muss erlebt worden sein, dass Jean Paul, Dostojewski, Kafka und Robert Walser zu solchen Selbstverneinungsorgien hingerissen werden? Den Figuren, in denen sie sich ausdrücken, ist auf dieser Welt, unter den herrschenden Umständen, nicht zu helfen. Ja, ihnen ist sogar unter keinen Umständen zu helfen.

Nun hat ja immer noch die Arbeit getaugt zur Rechtfertigung dieser und jener Art von Leben. Thomas Mann denkt für Hans Castorp darüber nach, ob Arbeit für ihn eine Rechtfertigung erbringen könnte, und schließt diese Überlegung mit «der Vermutung», «daß die Arbeit in seinem Leben einfach dem Genuß von Maria Mancini etwas im Wege war.» Dieses die Arbeit Verhindernde ist wahrscheinlich eine Zigarrenmarke. Und überhaupt: Hans Castorp legt dann lieber Debussy-Platten auf: «Hier gab es kein ‹Rechtfertige dich!›, keine Verantwortung».

Auf Debussy-Platten ist Kafka nicht gekommen. «K. lebte doch in einem Rechtsstaat», heißt es bei ihm, und er mobilisiert alles, alle Mittel, von denen er sich Rechtfertigung erhofft. Ihm ist an seinem 30. Geburtstag vom Gericht aufgetragen worden, eine Eingabe zu machen, in der er alle wesentlichen Momente seines Lebens aufzählen und bewerten, also rechtfertigen sollte. Und je mehr er jetzt zu seiner Rechtfertigung tun will, desto ungerechtfertigter kommt er sich vor. Das führt zum Entzug der Lebenserlaubnis, das führt zu der von ihm selbst veranstalteten Selbst-Hinrichtung.

Fazit: Wer nur gerechtfertigt leben kann, kann nicht leben. Es sei denn, er könne seine Rechtfertigungsnot durch das Auflegen von Debussy-Platten narkotisieren. Von dem Landvermesser K. im Schloss-Roman heißt es, er habe die Möglichkeit, im Dorf Arbeiter zu werden, und: «[...] aber dann in allem furchtbaren Ernst, ohne jeden Ausblick anderswohin.» Die Vereitelungsvirtuosität des Schloss-Systems ist so in die Verhältnisse delegiert, dass das Schloss unbelangbar bleibt und K. sich sein Scheitern immer selber zuzuschreiben hat.

Diese Schreibweise Kafkas lässt gelten, was gilt, als gelte es. So hat es Hegel formuliert, als er Wesen und Praxis der Ironie formulieren wollte. Ich habe hinzugefügt: Es ist das Ja zum Nein der Welt. So radikale Seinsweisen kommen in der Literatur kaum noch vor. Seit langem gilt Gesellschaftskritik. Und damit die Frage: Wer hat recht. Verglichen mit der Frage nach der Rechtfertigung ist das ein bescheidener Anspruch.

2.

Es ist kein Vergnügen, sich als neiderfüllt zu erleben. Ich beneide den und jenen, weil er sich gerechtfertigt fühlt. Das muss er nicht aussprechen, das strahlt er aus, das ist seine Wirkung. Nehmen wir als weltbekanntes Beispiel Jean Ziegler.

In der Zeitung steht: «In Fragen des Welthungers ist Ziegler ein weltweit renommierter Experte.» Also lädt ihn die Salzburger Landeshauptfrau im Frühjahr 2011 ein, am 27. Juli in Salzburg mit einer Rede die Festspiele zu eröffnen. Sie gibt ihm sogar einen Titel für seine Rede: Aufstand des Gewissens. Sie steht Ziegler politisch nahe, hat ihn schon einmal ausgezeichnet. Aber im Lauf des Frühjahrs entscheidet sie sich, «nach zwei ziemlich schlaflosen Nächten», die Einladung zurückzuziehen. Für Ziegler und alle ihm noch näher Stehenden ist klar: Das sind die Sponsoren, Schweizer Großbanken und Nestlé, Audi usw. Die Landeshauptfrau und die Konzerne legen unabhängig von einander dar, dass es keine solchen Einflüsse gab. Ziegler dazu: «Das ist Blödsinn.» Für ihn steht fest: Die Konzerne, die er, der Globalisierungsgegner, unermüdlich angreift und verantwortlich macht für die Hungerkatastrophe in Afrika und sonst wo, die haben seinen Auftritt verhindert. So wollte er anfangen: «Sehr verehrte Damen und Herren, alle fünf Sekunden verhungert ein Kind unter zehn Jahren. 37 000 Menschen verhungern jeden Tag, und fast eine Milliarde sind permanent schwerstens unterernährt.» Und zitiert den World-Food-Report, dass die Weltlandwirtschaft problemlos das Doppelte der Weltbevölkerung normal ernähren könnte. Also: «Ein Kind, das am Hunger stirbt, wird ermordet.» Das ist sein Ton, sein Stil, seine Wucht. Dann heißt es: «Viele der Schönen und der Reichen, der Großbankiers und der Konzern-Mogule dieser Welt kommen in Salzburg zusammen. Sie sind die Verursacher und die Herren dieser kannibalischen Weltordnung.» Diese Prägung, dass unsere Weltordnung eine kannibalische sei, kommt bei Jean Ziegler regelmäßig vor.

Die Landeshauptfrau, eine Sozialdemokratin wie Ziegler selbst, hat glaubhaft dargelegt, dass sie ihn aus ganz anderen Gründen ausgeladen hat. Das fand statt im März und im April, und die Landeshauptfrau wollte verhindern, dass Ziegler in Salzburg angegriffen werden könnte wegen seiner langjährigen Kontakte zu Gaddafi. Es waren die Monate, in denen die Welt zu einem Urteil über Gaddafi kommen musste. Und kam. Sie, sagte die Landeshauptfrau, wollte Ziegler «beschützen». So kam es dort nicht zum «Aufstand des Gewissens», sondern zur Festrede, die von Joachim Gauck gehalten wurde.

Wie kommt uns das heute vor: Der «Prokurist einer großen Bank» kann sich nicht mehr um seine Arbeit kümmern, weil er in seiner Arbeit keine Rechtfertigung mehr findet. Für Jean Ziegler sind «Großbankiers» und «Konzern-Mogule» Agenten der Unmenschlichkeit. Jeden Versuch, denen halbwegs erträgliche Motive zu unterstellen, nennt er «Blödsinn».

Dann hält Joachim Gauck die «Festrede». Und er spricht so: «In der Kunst wie in der Religion begegnen wir dem Absoluten, das wir weder in der Politik noch in der Ökonomie je antreffen werden.» Das ist eher eine sonntägliche Flaggenhissung als etwas am Werktag Brauchbares. Es war eine «Festrede des deutschen Bürgerrechtlers». Er will, dass wir «neu daran glauben, wichtig und wertvoll zu sein». Dazu zitiert er zum Beispiel jenes «zauberschöne Gedicht», das so anfängt: «Es war, als hätt der Himmel die Erde still geküsst». Dann aber lässt er lebhaft entstehen, was die Menschen in den kommunistischen Diktaturen mitgemacht haben, und kommt doch wieder zurück auf die Kunst: «[…] damit unsere dürstenden Seelen in den unwirtlichen Ebenen der Politik überleben können, haben wir die Künste.»

Beide, Ziegler und Gauck, wirken auf mich als ganz und gar Gerechtfertigte. Ich möchte weder ein Ziegler sein noch ein Gauck, aber ich möchte mich so gerechtfertigt fühlen können wie diese zwei. Natürlich kritisiert es dann in mir herum: Genau während die Absage an Ziegler das Medienthema war, hat die deutsche Regierung ihre Ostafrikahilfe ständig gesteigert – von 30 bis auf 90 und zuletzt auf 118 Millionen Euro. Darüber hinaus haben Bürger und Unternehmen in Deutschland in wenigen Wochen 91 Millionen Euro gespendet. Globalisierung hin oder her, diese Spendenmillionen brauchte ich, um den Neid auf Zieglers Gerechtigkeitsfuror klein zu halten. Und Joachim Gauck schließt mit der «Freude an der Freiheit. An der Freiheit der Erwachsenen zumal, die wir bei ihrem Namen nennen: Verantwortung.» Das ist die Gebärde, die Formel, das edle Tremolo, das jeder kennt, der diese Rede schon einmal halten musste.

Da der Aufstand des Gewissens, dort die Freiheit als Verantwortung. Ob der heftige Ziegler oder der edel räsonierende Gauck, in beiden spüre ich unsere Armut, meine Armut, die Armut dessen, der sich gerechtfertigt fühlen muss und deshalb verhungernde Kinder anführt oder aus der Kunst ein zitierbares Allheilmittel macht. Beide sind so erfolgreich, dass mein Bedauern sich nicht auf ihre persönliche Lage beziehen muss, sondern auf das, was uns, die Intellektuellen, verbindet: der Mangel an Rechtfertigung, der uns zu solchen Auftritten zwingt. Nur darum zitiere ich diese zwei Redner: Sie sind gerechtfertigt. Oder muss ich sagen: Sie wirken, als fühlten sie sich gerechtfertigt? Sie sind beide Exponenten des Zeitgeists. Der eine rebellisch links, der andere der vielerlei Problembedürfnisse befriedigende gute Mensch. Ich habe nicht das Recht zu formulieren, wie sie sich selber vorkommen. Ich gehöre zu der Gesellschaft, zu der sie sprechen, aber sie sprechen nicht zu mir. Ich kann neidisch sein auf ihre zweifelsfreie Performance, aber meinen Mangel mindern sie nicht.

3.

In meinem Tagebuch steht unterm Datum vom 14. Juni 2000:

«Da er öfter bemerkte, daß er etwas dagegen hat, daß es ungerecht zugeht in der Welt, sah er, als er sich umsah nach einer Bezeichnung für seine ungerechtigkeitsabweisende Empfindlichkeit, schließlich ein, daß er links war. Da er Menschen beobachtete, die auf Ungerechtigkeit nicht so reagierten wie er, mußte er einsehen, daß er besser war als andere. Das führte dazu, daß er erkannte: Der Linke ist der bessere Mensch.»

Offenbar durfte ich mich, als ich das notierte, schon nicht mehr *links* fühlen, also ließ ich es zu, dass eine polemische Stimmung entstand gegen den, der sich, weil er links war, als der bessere Mensch vorkam. Ich musste vor mir selber rechtfertigen, dass ich nicht mehr als Linker gelten konnte.

Am liebsten würde ich in dieser Tonart heute noch fortfahren: Der bessere Mensch weiß nicht, dass er der bessere Mensch ist. Das darf für alle Zugehörigkeiten gelten, die ihren Mitgliedern Rechtfertigungen gewähren. Lebenslänglich SPD, das stelle ich mir vor wie eine Allwetterkleidung fürs Bewusstsein. Mir ist keine derartige Zugehörigkeit gelungen. Dreimal hat mich der Zeitgeist scharf zurechtgewiesen. In den sechziger Jahren war ich dagegen, dass die Bundesrepublik dem amerikanischen Krieg in Vietnam Zustimmung liefert, dass unsere Höchsten, Bundespräsident und Bundeskanzler, Glückwunschtelegramme nach Washington senden, weil die USA einen Krieg führen «als Vorkämpfer der Freiheit gegen die Mächte der Unterdrückung in Ostasien». Nur aus Franco-Spanien, Portugal und Südafrika wurden solche Telegramme nach Washington geschickt. Und schon im April 1967 sagte Martin Luther King: «Bis jetzt haben wir eine Million dieser Menschen umgebracht – meistens Kinder.» Obwohl ich für meine Aktivitäten nie östliche Informationen nutzte, sondern nur amerikanische und französische, war ich dann, so hieß das, «nicht mehr auf dem Boden des Grundgesetzes», also ein Kommunist. Aber ein Kommunist konnte ich als auch gelernter Historiker nicht sein, weil ich die Geschichte nicht als Klassenkampf begreifen konnte.

In den siebziger Jahren, erst in den siebziger Jahren (!), fing ich an, dem offiziellen Gerede über die deutsche Teilung zu misstrauen. Ich arbeitete mich ein und nannte dann die Teilung Deutschlands ein «Katastrophenprodukt», wollte es für unerträglich halten, dass die deutsche Geschichte – so schlimm sie zuletzt verlief – so ende. Die meisten Intellektuellen sahen in der Teilung eine Strafe für unsere Verbrechen in Auschwitz. Ich sagte: Die Teilung ist keine Strafe für Auschwitz, sondern eine Folge des Kalten Krieges. Der Zeitgeist, vertreten durch prominente Linke, machte mich dann zum Nationalisten. Aber ein Nationalist konnte ich nicht sein, weil ich von Anfang an ein Leser war. Und meine Bücher waren von *Robinson Crusoe* an Bücher aus aller Welt. Was Politik und Gesellschaft jetzt mühevoll lernen, war für den Leser von Anfang an Realität. Ich lernte Frankreich kennen durch Flaubert und Marcel Proust, England durch Dickens, Spanien durch Cervantes, Russland durch Dostojewski, Amerika durch Melville und Faulkner, Skandinavien durch Strindberg und Ibsen.

Und als ich 1998 eine Rede in der Paulskirche hielt, in der ich uns von dem befreien wollte, was Salomon Korn den «Jargon der Betroffenheit» genannt hatte, als ich den Umgang mit unserer Vergangenheit nicht mehr der Lippengebetsroutine offizieller Gedenktagsreden überlassen wollte, sondern dafür eine Sprache suchte, die aus dem persönlichen Gewissen eines jeden Einzelnen stammt, da wurde mir vorgeworfen, ich wolle das Gewissen privatisieren. Der Unterschied zwischen «persönlich» und «privat» ist offenbar Moralisten nicht bekannt. Ich habe Hegel zitiert, umsonst. Ich zitiere ihn noch einmal:

> «Dagegen ist das Gewissen diese tiefste innerliche Einsamkeit mit sich, wo alles Äußerliche und alle Beschränktheit verschwunden ist, diese durchgängige Zurückgezogenheit in sich selbst».

Ich war 1964 im Auschwitz-Prozess in Frankfurt und habe, wahrscheinlich als Erster, über diesen Prozess geschrieben, und das unter der Überschrift: *Unser Auschwitz*. 1979 habe ich eine Ausstellung mit Zeichnungen von KZ-Häftlingen eröffnet und gesprochen unter dem Titel: *Auschwitz und kein Ende*. Meine Rede damals fing so an:

> «Seit Auschwitz ist noch kein Tag vergangen. Es gibt eine Zeitrechnung, in der man nicht diskutieren muß, ob Verbrechen verjähren oder nicht. Das ist die Zeitrechnung, die man Geschichte nennt.»

Nach 1998 wurde mir dann vorgeworfen, ich wolle einen «Schlußstrich» ziehen, wolle die «Auseinandersetzung mit dem Holocaust» beenden. Ein Wort wie «Schlußstrich» ist bei mir nie vorgekommen, kann bei mir nicht vorkommen, ich bin Erzähler, also ist Vergangenheit mein Element. Ein Beispiel für die Art dieser Skandalisierung: Mir wurde vorgeworfen, dass ich statt von «unserer Schuld» immer von «unserer Schande» gesprochen habe. Und weil von unterstellungsfreudigen Zeitgenossen die Sprache nur noch nach Signaltönen abgeklopft wird, soll ich «Schuld» sagen, wo ich «Schande» sage. In meinem Sprachverständnis aber denkt man bei «Schuld» immer an etwas, was bewiesen werden kann. «Schande» ist eine Folge der Schuld, unabwaschbar, durch kein Argument zu schwächen oder gar löschbar. Und: «Schuld» wendet sich an den erzogenen Kopf, «Schande» überzieht dich ganz und gar. Und für immer. Unter Schande leide ich deutlicher als unter Schuld.

Dass man mir Antisemitismus vorwerfen konnte, habe ich nie begriffen. Ein Antisemit konnte ich nicht sein, weil während der wichtigsten fünf Jahre meiner Lehrzeit Kafka mein Vorbild war. Ich glaube, ich war in Deutschland der Erste, der über ihn eine Dissertation schrieb. Dann lernte ich noch zwei Jahre bei Proust (*Leseerfahrungen mit Marcel Proust*) und schrieb über Heine (*Heines Tränen* und *Heines Größe*). Ein bisschen übertreibend kann ich sagen: Ich war von Anfang an Schriftsteller. Ein Schriftsteller, wenn er halbwegs bei Trost ist, kann nichts anderes sein als ein Schriftsteller. Seine Rechtfertigung holt er sich nicht im Kommunismus oder Nationalismus oder Antisemitismus. Kafka hat mich, sobald ich ihn zu lesen bekam, so angezogen und dann ganz und gar eingenommen, weil er alles formuliert hatte, was ich brauchte: «Alles, was nicht Literatur ist, langweilt mich». Oder: «Da ich nichts anderes bin als Literatur und nichts anderes sein kann und will […]» Solchen Sätzen war ich ausgeliefert und blieb ich ausgeliefert.

4.

Ich habe mein Leben als Schriftsteller auch im Reizklima des Rechthabenmüssens verbracht und habe erlebt, dass die ablenkungsstärkste Art des Rechthabens die moralische ist. Den Eindruck erwecken müssen, man sei der bessere Mensch. Wer diesen Eindruck einmal hat von sich, dessen Gewissen ist domestiziert. In unseren heutigen Literaturen kommen Fälle von gravierendem Rechtfertigungsmangel nicht mehr vor. Recht zu haben genügt zur Rechtfertigung. Ich möchte aus meinem Roman *Angstblüte* zitieren, in dem diese Rechtfertigungspraxis vorkommt. Da heißt es:

«Damit Du, lieber Bruder, nicht glaubst, ich sei nichts als beleidigt, muß ich Dir eine Beobachtung mitteilen, deren, sagen wir, Richtigkeit Du, bitte, an Deinen eigenen Beobachtungen messen kannst. Das heißt, deren Unrichtigkeit Du jederzeit durch Deine eigenen Beobachtungen beweisen kannst. Es geht immer noch um Diego.
Nach dem Loire-Schloß-Coup, also als er dann

reich geworden war, erstarrte seine Mundpartie zusehends, sie gefror. Das war, bitte, mein Eindruck. Der Mund war jetzt eine Wucht, eine pathetische Wucht. Immer begleitet und verstärkt von einem ebenso massiven Pathosblick. Insgesamt eine Dauerdrohgrimasse. Vorher war er doch öfter lustig, manchmal sogar herzlich gewesen. Sogar zu mir. Daraus schließe ich: Reich sein macht häßlich. Das ist keine moralische, sondern eine ästhetische Erfahrung. Und daß Reichsein unanständig ist, ist auch eine ästhetische Erfahrung. Unanständiges kann vielleicht schön sein. Reichsein gehört nicht zum schönen Unanständigen, sondern zum häßlichen. Reichsein platzt andauernd aus allen Nähten. Sein Zuvielhaben dringt dem Reichen andauernd aus allen Poren. Und aus jedem Wort. Als Diego reich geworden war, kam aus seinem erfrorenen Mund kein Wort so häufig wie das Wort Brüderlichkeit. Der ehedem sportlich Freche und manchmal herzlich Kühne hatte nichts dagegen, finster pastoral zu werden. Er drohte denen, die sich weigerten, in der Brüderlichkeit das globale Heil zu erkennen. Es war, es mußte sein, das ungeheuer angeschwollene Selbstgefühl, das ihn jetzt bedrängte. Er erlebte andauernd nur noch, daß er im Recht war. Mehr im Recht als jeder andere, den er kannte. Das war die Wirkung seines Reichseins. Sein Reichsein erlebte er dann nicht mehr als Reichsein, sondern als Erfolg. Und sein Erfolg kam nicht von seinem Reichsein, sondern von ihm selbst. Das heißt, sein Rechthaben war nicht mehr zurückzuführen auf seinen Erfolg oder auf sein Reichsein, sondern ganz allein auf ihn selbst. Er, er, er selbst war im Recht. Er war das ungeheure Selbst. Das Selbst aller Selbste. Er war das Selbst selbst. Und daß ihr alle um ihn herumsitzt und ihn feiert und verehrt, gibt ihm recht. Das ist der Feudalismus von heute.»

Soweit die Fiktion. Sogar Nietzsche hat, als er gerade *Also sprach Zarathustra* geschrieben hatte, ein Buch, das wie kein anderes in seinem Jahrhundert dem gegenwärtigen Menschen alle Rechtfertigungen entzieht, selbst er hat in einem Brief sein absolutes Projekt in den gewöhnlichsten Wettbewerb geschickt, allerdings schon mit einem typischen Nietzsche-Fortissimo: «Schließlich», schreibt er, «ich will nicht für heute und morgen, sondern für Jahrtausende Recht behalten.»

Es gibt aber einen, einen Religiösen, dem es tatsächlich gelingt, aus diesem Wettbewerb des Rechthabenmüssens auszusteigen, weil er die uralte Not, Rechtfertigung zu suchen, nicht betäuben konnte: Karl Barth. Zur Ehre der Religion sei gesagt, dass sie von Paulus über Augustinus bis zu Calvin, Luther und Karl Barth die Frage, wie ein Mensch Rechtfertigung erreiche, nie hat aussterben lassen. Seit zweitausend Jahren wird gefragt, ob wir zu rechtfertigen seien durch das, was wir tun, oder durch das, was wir glauben. Die Religion ist anspruchsvoller als jede andere Denk- und Ausdrucksbemühung.

Karl Barth in seinem Buch *Der Römerbrief*:

«Wer sich einmal rühmen, wer einmal als Mensch vor Menschen und vor Gott recht haben will, der wird sich auch der tiefsten Versenkung ins Nicht-Ich und Nicht-Sein immer noch rühmen (womöglich seiner Unsicherheit und Gebrochenheit!) und – als Mensch (nur als Mensch!) recht habend dastehen. Nein, der Boden des ‹Gesetzes der Werke› muß uns unter den Füßen zusammengebrochen sein. Kein ‹Werk›, auch nicht das feinste und geistigste, *auch nicht ein negatives Werk* kann mehr in Betracht kommen. […] unsre Religion besteht in der Aufhebung unsrer Religion, unser Gesetz ist die grundsätzliche Außerkraftsetzung alles menschlichen Erfahrens, Wissens, Habens und Tuns. Nichts Menschliches bleibt übrig, was mehr sein wollte als Hohlraum, Entbehren, Möglichkeit und Hinweis, als unscheinbarste unter den Erscheinungen dieser Welt, als Staub und Asche vor Gott, wie alles, was in der Welt ist. Der Glaube bleibt nur als Glaube übrig, ohne Selbstwert (auch ohne den Selbstwert der Selbstverleugnung!), ohne Eigenkraft (auch ohne die Eigenkraft der Demut!), ohne eine Größe sein zu wollen, weder vor Gott noch vor den Menschen. Das ist der Boden, die Ordnung, das Licht, wo der ‹Ruhm› aufhört und die reale Gerechtigkeit Gottes anfängt. Also kein Boden, auf den man sich stellen, keine Ordnung, die man befolgen, keine Luft, in der man atmen kann.»

Der Schweizer Pfarrer, der das von 1919 bis 1922 im Aargau schrieb, wurde sofort Honorarprofessor in Göttingen und dann zum einflussreichsten Theologen der Epoche. Und das durch die Auslegung des Paulusbriefes an die Römer. Dass weder in der Philosophie noch in der sogenannten Schönen Literatur von diesem Erdbeben auch nur das Geringste gespürt wurde, eigentlich bis auf den heutigen Tag, das zeigt, wie anspruchslos diese Ausdrucksarten geworden und geblieben sind. Karl Barths Buch ist die praktizierte Zerstörung der Kulturkulisse, die uns vergessen macht, dass Rechtfertigung einmal unser Bedürfnis war. Übrig geblieben ist das Rechthabenmüssen. Recht zu haben ist der akzeptierte Ersatz für Rechtfertigung. Eine Art Bewusstseinsimperialismus auch. Oft genug verbunden mit Macht und Machtgefühl. Zeitgeistopportunität. Was ist denn *political correctness* anderes als eine Domestizierung des Gewissens, eine *passe partout*-Rechtfertigung?

5.

Weil ich ahne, dass dem und jenem der Weg zu Karl Barth zu steil ist, schlage ich vor, um die Kultur des Rechthabens wenigstens ein bisschen fortzubilden, dass wir entwickeln sollten eine Kultur der Selbstwiderlegung. Öffentlich. Im Parlament. In der Zeitung. Es sollte üblich sein, dass jemand, der etwas behauptet, das, was er behauptet, auch widerlegt. Alles, was ihm einfällt gegen das, was er behauptet, soll er genauso gründlich dartun wie die Behauptung. Wenn er uns dann überzeugt von seinem Selbstwiderlegungsernst und es bleibt trotzdem noch etwas übrig von dem, was er behauptet hat, dann hat er uns für seine Behauptung eingenommen. Mir scheint, eine Selbstwiderlegungspraxis sei fast eine Chance, in einer auf Rechthaben gegründeten Gesellschaft eine Bewegung in Richtung Rechtfertigung zu ermöglichen. Das sage ich, wissend, dass Karl Barth auch den «Selbstwert der Selbstverleugnung» schon gerichtet hat. Aber da wir nicht alle das Zeug haben, Debussy-Discjockeys zu werden, bleibt mir nur der Abräumer Karl Barth. Allerdings, auch das habe ich bei ihm gelernt: Man muss glauben «ohne Hoffnung auf Hoffnung». Und weil mir das jetzt zu hart ist und weil ich nun einmal bei Gottesmännern zu Gast bin, sage ich, um uns Appetit auf Unmögliches zu machen, Luther nach, dass eine Sehnsucht, wenn sie nur groß genug ist, schon nach Erfüllung schmeckt.

6.

Jetzt ein Versuch, das Religiöse vor dem Vergessen zu bewahren. An eine Sprache zu erinnern, in der Rechtfertigung noch vorkommt.

Als ich den Roman *Muttersohn* veröffentlichte, in dem es um Glauben geht, Glauben als eine menschliche Fähigkeit, da wurde das öfter mehr oder weniger freundlich mit meinem Alter in Zusammenhang gebracht. So, als sei ich jetzt halt so weit. Ich meine aber, Religion sei eine Ausdrucksart wie andere, wie Literatur, Musik, Malerei. Ich lese Religion als Literatur. Dass Texte, die für uns «nur» noch zur Religion gehören, Dichtung sind, um es im Betriebsdeutsch zu sagen: große Dichtung, das kann man doch noch meinen. Die Psalmen. Das Buch Hiob. Das Weihnachtsevangelium. Usw. usw. Andere lassen mich wissen: Religion, das war einmal. Es ist eine eher unglückliche Entwicklung, dass Religion etwas geworden ist, was nicht mehr ohne Kirchliches gedacht wird. Wer sich heute fast instinktiv erhaben fühlt über alles Religiöse, weiß vielleicht nicht, was er verloren hat. Polemisch gesagt: Rechtfertigung ohne Religion wird zur Rechthaberei. Sachlich gesagt: verarmt zum Rechthaben.

Neulich im Fernsehen, das gewöhnliche Hin und Her zwischen Gegnern und Befürwortern. Der wortführende Gegner war verzeichnet als Publizist und als Atheist. Die Regie holte ihn oft ins Bild, wenn einer der Befürworter sprach. Er bot ein ausdauerndes Schmunzeln. Ein unangreifbares, ein allem überlegenes Schmunzeln. Es war deutlich, der Befürworter hatte keine Chance. Und die Regie und der Moderator waren ganz auf der Seite dieses unantastbaren Schmunzelns. Selbstzufriedenheit strahlte der Publizist aus. Wie kann man bloß noch an Gott glauben! Das strahlte der Publizist und Atheist aus. Und das darum herumsitzende Publikum zeigte durch Beifall, dass es auch dieser Meinung war. Der Moderator machte, wenn er zum Befürworter sprach, ein parodistisches Toleranzgesicht. Mir fiel dazu ein: Die Medien sind der Stammtisch der Nation. Zu dem Atheisten fiel mir ein: Er hat keine Ahnung. Und wenn es Gott hundertmal nicht gibt, dieser Atheist hat keine Ahnung. Beweisen könnte ich das nicht. Aber dass es nicht genügt zu sagen, Gott gebe es nicht, ahne ich. Wer sagt, es gebe Gott nicht, und nicht dazusagen kann, dass Gott fehlt und wie er fehlt, der hat keine Ahnung. Einer Ahnung allerdings bedarf es.

Ein paar Abende später wieder so eine Szene, wieder ein Befürworter, diesmal eine junge Frau, der Atheist diesmal ein «bekennender» Atheist. Er war grellschick gekleidet und bewegte sich, wenn er dran war, mehr als jeder andere in der Runde, und alle seine Gesten und Bewegungen hätten in einen Fitness-Raum gepasst. Die Atheisten in beiden Sendungen redeten eher schnell und auffallend mühelos. Den Befürwortern sah man an, dass es ihnen nicht leichtfiel, hier, vor Kameras, auszudrücken, was das sei zu glauben, es gebe einen Gott.

Folgen wir einem Motiv der Religion von der Genesis bis ins 20. Jahrhundert. Dieses Motiv fragt, ob Gott gerecht sei. Gründe, so zu fragen, gab es in der Geschichte Europas genug. Angefangen hat es damit: Isaaks Frau Rebecca war mit Zwillingen schwanger, da sprach der Herr zu ihr: «[…] zweierley Leute werden sich scheiden aus deinem Leibe […] Und der Grösser wird dem Kleinen dienen». Esau, der Größere, der Erstgeborene, muss Jakob, dem Kleineren, Zweitgeborenen, dienen. Von da an kann man, was mit diesem Motiv passiert, lesen wie einen Roman. Paulus will mit einem provozierenden Beispiel seinen Römern glaubhaft machen, dass Gott gerecht sei. Darum sagt er von den Zwillingen, sie «waren noch nicht geboren und hatten weder Gutes noch Böses getan», aber «Gottes freie Wahl und

Vorherbestimmung» will, dass Rechtfertigung nicht erlangt werde durch Werke, sondern nur durch ihn, der beruft oder nicht beruft. Paulus zitiert: «[…] es steht in der Schrift: Jakob habe ich geliebt, Esau aber gehaßt». In der Genesis steht das zwar nicht so, aber im Text des Propheten Maleachi, entstanden zirka 500 Jahre vor Paulus. Da spricht der Herr: «Ist nicht Esau Jakobs Bruder? […] und doch liebe ich Jakob, Esau aber hasse ich». Daher hat es also Paulus, und so ist er bei seinem, bei unserem Thema: Heißt das nun, dass Gott ungerecht handelt? Paulus zitiert, was Gott zu Mose gesagt hat: «Ich schenke Erbarmen, wem ich will, und erweise Gnade, wem ich will.» Diese Stellen aus dem 9. Kapitel des Briefs an die Römer werden seit 2000 Jahren zitiert und diskutiert.

Wenn hier jemand abschaltet, weil es Gott für ihn nicht gibt, also die Frage, ob Gott gerecht sei, für ihn ein Nullproblem ist, zu dem sage ich vorläufig: Lesen wir's als Roman. Madame Bovary und Iwan Karamasow gibt es auch nicht, und trotzdem wiegen und wägen wir in unserem Inneren, was sie tun und sagen und warum sie es tun und sagen. Wichtig für unser Motiv ist schon einmal, wie unwichtig, wie klein Paulus den Menschen macht. Er sieht Gott als Töpfer, den Menschen als Ton. Gott macht «Gefäße des Zorns, die zur Vernichtung bestimmt sind», und

«Gefäße des Erbarmens, die er zur Herrlichkeit vorher bestimmt hat».

Wieder ein paar hundert Jahre später hat Augustinus, der Bischof von Hippo, sich das 9. Kapitel des Paulus-Briefs vorgenommen. Er hat die paulinische Aussage ungeheuer radikalisiert. Der Paulus-Stelle vom Töpfer, der Gewalt über den Ton hat, der aus der gleichen Masse ein Gefäß zur Ehre oder zur Schande macht – dieser Stelle fügt Augustinus eine schwerwiegende Ansicht hinzu. Durch die ihnen auferlegten Strafen dienen die Gefäße des Zorns und der Schande «den Gefäßen zum Nutzen, die zur Ehre hergestellt sind». So hat Gott das gewollt: Durch «die Bestrafung der einen» zeigt er, «was er den anderen erläßt». Und Augustinus kann nicht oft genug wiederholen: Das findet nicht statt «auf Grund von Werken, sonst wäre Gnade nicht mehr Gnade». Dann zitiert er wörtlich, was Paulus aus der *Schrift* zitiert. Da sagt Gott zum Pharao: «Gerade dazu habe ich dich bestimmt, daß ich meine Macht an dir erweise und daß mein Name auf der ganzen Erde kund werde». Die Übersetzung der Augustinus-Schrift aus dem Jahr 397 verdanken wir Walter Schäfer, herausgegeben und erklärt von Kurt Flasch im Jahr 1990. Das ist die erste deutsche Übersetzung von *Logik des Schreckens*. Flasch nennt Augustinus den «Klassiker der christlichen Intoleranz». Und er tut alles, um ihn in größtmöglicher Härte zu zeigen. Ein paar Jahre früher habe Augustinus den Pharao noch selber, sozusagen aus freiem Willen, sein Herz verhärten lassen, jetzt, 397, schreibe Augustinus, Gott habe diese Herzensverhärtung bewirkt, um «den Reichtum seiner Herrlichkeit an den Gefäßen des Erbarmens zu erweisen». Dazwischen war Augustinus also davon abgekommen, den Menschen für willensfrei zu halten.

Wenn ich ihn sehe als den Autor, der den Esau-Jakob-Roman fortsetzt, sind mir seine Radikalisierungen sehr willkommen.

Viele sind berufen, wenige aber auserwählt. Und die Nichterwählten, sagt Augustinus, dienen durch ihr schweres Schicksal dazu, bei allen Menschen «eine nützliche Furcht hervorzurufen». In diesem Roman weiß nämlich kein Mensch, ob er zu den Erwählten gehört, zu den Geretteten oder zu den Bestraften. «Ist etwa bei Gott Ungerechtigkeit? Das sei ferne!» So steht es bei Paulus. Augustinus schärft die Einteilung in Gerettete und Verlorene so, dass der nichts als gesunde Menschenverstand sagt: Nein, danke. Aber Augustinus extremisiert die Beispiele, um dadurch die Gnade umso größer werden zu lassen. Nur die Gnade entscheidet, wie es dir geht. Und Gnade ist nur, was unverdient ist. Und wenn einer aufbegehrt, dröhnt das Paulus-Wort:

«O Mensch, wer bist du denn, daß du mit Gott rechten willst?»

Als Roman gelesen, heißt das: Was müssen diese Autoren erfahren haben, dass sie Gott so groß und den Menschen so klein erlebt und dargestellt haben? Denn: Der Mensch wurde ja nicht so und so schlecht behandelt, WEIL er von der religiösen Überlieferung so klein dargestellt wurde, sondern die religiösen Texte zeigen ihn so klein, weil er in Wirklichkeit so rechtlos war.

Aus dieser Erfahrung der vollkommenen Ausgeliefertheit schreiben sie an einem Roman mit, in dem ein Gott zuständig ist für ihre Rechtlosigkeit. Es geht ihnen so schlecht und sie haben so gar keine Möglichkeit, ihr Schicksal selber zu bestimmen, dass es nicht die unsinnigste Antwort ist, alles von einem Gott bestimmen zu lassen, dem gegenüber man so wenig zu bestellen hat wie in der Wirklichkeit. Er kann mit uns machen, was er will, es ist gut.

Man hat im Lauf der Geschichte alle möglichen Ermäßigungen dieses Unverhältnisses probiert. Zuerst die Rechtfertigung durch Werke, dann durch den Glauben oder eben durch eine Gnade, die man verdienen konnte.

Wie Augustinus die Lage der Begnadeten beschreibt, kommt uns ziemlich nahe, wenn er sagt: «Wer könnte ihm genügend danken, der eine Schuld erläßt, von der niemand zu Recht sagen könnte, er würde sie nicht schulden, wenn Gott sie einfordern wollte». Das könnte fast in Kafkas Prozess-Roman vorkommen. Und weil so die Lage der Menschen in jener Zeit doch genau zum Ausdruck kommt, finde ich es nicht nötig, aus Augustinus einen Klassiker christlicher Intoleranz zu machen. Dass ein alles kennender Fachmann so urteilt, kann daher kommen, dass er den Text nicht als Schöne Literatur liest, sondern als Dokument auf dem Weg zur Erklärung der Menschenrechte. Wer den Text als Literatur liest, der kann erleben, was und wie damals erlebt werden musste.

Augustinus lässt dann auch schnell noch offenbar Rettungswürdige erscheinen, geradezu modern anmutende Verdienstvolle, aber dann sieht er sich ausgelacht von dem, «der das Schwache in der Welt erwählt hat, um das Starke zuschanden zu machen, und das Törichte der Welt, um ihre Weisheit zuschanden zu machen, damit ich meinen Blick auf ihn richte, beschämt meinen Fehler verbessere und viele andere auslache – die Keuschen eher als die Sünder, eher die Rhetoren als die Fischer.» Das ist ein idealistisches oder ein schön christliches Happy End. Es erinnert an die Größe des Menschen, der als Gottes Sohn erschienen war.

Damit ist der Roman voll bedient.

Also, trotz des nichts als rühmenswerten Kurt Flasch, ich bleibe Augustins Bewunderer. Er und die anderen, die einen Gott rechtfertigten, der Esau vorgeburtlich hasst und Jakob ebenso vorgeburtlich liebt, die haben damit nur ihre Welterfahrung ausgedrückt. Sie haben einen realistischen Roman geschrieben. Genau so ging es zu in dieser Welt. Und dass sie ihren Romanhelden Gott freisprechen, heißt nur: Auch Gott war nicht schuld daran, dass es so zuging in der Welt. Es ging so zu, ohne dass jemand schuld war. Auch Gott war nur eine Ausdrucksfunktion des Weltgeschehens. Darin wird mehr ahnbar als sichtbar der Funke der Verbesserungswürdigkeit der Welt. Also der Funke, der Geschichte heißt oder Zukunft oder Utopie. Einfach weil wir, was ist und wie es ist, nicht bewegungslos ertragen.

Heute: Wir führen, wenn es uns gut geht, unser Wohlergehen auf uns selbst zurück. Also auf unsere Werke. Die, die ihre Gelungenheit noch als Gnade erleben, dürften seltener sein. Schon lieber nennen wir's Glück. Oder Zufall. Oder, um uns größer vorzukommen, Gerechtigkeit.

Augustinus will: Wer sich rühmt, rühme sich im Herrn. Das gibt es kaum noch. Augustinus erwähnt einmal, dass unsere Gebete manchmal «rein gar nichts» sind und «daß wir nicht einmal das in uns mit Schmerzen erkennen». Aber, sagt er, «wenn uns das auch nur schmerzt, beten wir schon». Das ist mir die liebste Stelle in dieser Schrift. Aber dann folgt zum Schluss noch die genaue, die harte Auskunft: Es finde keine Auswahl von «Gerechtfertigten zum ewigen Leben statt; vielmehr werden die erwählt, die gerechtfertigt werden sollen. Diese Auswahl ist mit Sicherheit so verborgen, daß sie für uns in ein und derselben Masse einfach nicht erkennbar sein kann.» Damit erfüllt er wieder das Romanprogramm. Was kann spannender sein als ein Roman, dessen Figuren *wir* sind, und zwar Figuren, die nicht wissen, wozu sie bestimmt beziehungsweise wozu sie überhaupt da sind.

Was wir hinter uns gelassen haben: Rechtfertigung überhaupt von, sagen wir, oben zu erwarten. Heute genügt es, dass es einem gut geht, dann ist sein Rechtfertigungsbedarf schon gedeckt.

Ich nehme noch einmal mit, dass der letzte «antike» Autor geschrieben hat, es finde keine «Auswahl von Gerechtfertigten zum ewigen Leben statt; vielmehr werden die erwählt, die gerechtfertigt werden sollen». Was heißt das in einer Zeit, in der man den Mangel an Rechtfertigung nicht nur nicht mehr spürt, sondern ihn vielleicht als Glück erlebt? Jeder kann heute beurteilen, ob ihm (in seinem Leben) Recht oder Unrecht geschehe. Egal, ob einem Recht oder Unrecht geschieht, er fühlt sich im Recht. Dass er sagen kann, ihm geschehe Unrecht, zeigt ja, dass er sich im Recht fühlt. Je mehr dir Unrecht geschieht, desto mehr fühlst du dich im Recht. Du erlebst dein Im-Recht-Sein so deutlich, weil dir Unrecht geschieht. Das Beispiel Kohlhaas. Gibt es darüber hinaus noch einen Mangel?

Was mit der Gnaden- und Prädestinationslehre Augustins dann 1500 Jahre lang passiert, drückt zumindest aus, was in diesen Zeiten die Rechtfertigung wert war: so viel Schreckliches wie Schönes. Und weil es sich jetzt um uns unmittelbar nahekommende Geschichte handelt, lassen sich die Handlungen nicht mehr als Roman lesen, sondern eben als Geschichte. Zum Roman gehört eine Portion Weltfremdheit, gehört eine außerordentliche Zumutung, gehört also mindestens, dass Gott gerecht ist, obwohl er Gnade ausschüttet, über wen er will, und dass dazu der Mensch nichts, absolut nichts tun kann. In diesem Verhältnis ist eben ausgedrückt, wie ungerecht es zugeht in dieser Welt. Wenn, wie durch Luther geschehen, der Mensch schon durch Glauben und Buße und so weiter ein bisschen Anspruch auf Rechtfertigung erwerben kann, ist das kein Roman mehr, sondern eben Kirchengeschichte. Calvin war wohl der Letzte, der so weltfremd agieren musste, dass man sagen kann: Das ist eine interessante Fortsetzung des Augustinus-Romans. Das ist noch einmal der von keiner Einsicht getrübte höchste Ton: Gott ist nicht um der Menschen willen da, sondern die Menschen sind um Gottes willen da. Und ein Teil der Menschen wird selig, der Rest aber verdammt.

Max Weber beschreibt in seiner Schrift *Die protestantische Ethik und der Geist des Kapitalismus*, wie die Gnadenwahl zwischen uns in Europa gelandet ist. Bin ich erwählt, oder gehöre ich zum Rest? Calvin selber, schreibt Max Weber, sei sich seines «Gnadenzustandes», seiner Zugehörigkeit zu den *electi*, ganz sicher gewesen. Und wie Calvin agiert hat, das zeigt ja auch, dass er eher ein Zeitgenosse Augustins als Luthers war. Calvin passt noch in meinen Roman. Aber danach wird alles gesellschaftlich. Vor allem die Rechtfertigung. Dafür ist dann der Soziologe zuständig. Es wird, schreibt Max Weber, eine «Pflicht, im täglichen Kampf sich die subjektive Gewißheit der eigenen Erwähltheit und Rechtfertigung zu erringen». Gnade kann da kaum noch vorkommen. Nämlich «um jene Selbstgewißheit zu erlangen», wurde «als hervorragendstes Mittel *rastlose Berufsarbeit* eingeschärft». Seit Luther war die Gnade verlierbar oder verdienbar geworden. Max Weber schreibt, ihm sei aufgefallen der «ganz vorwiegend *protestantische* Charakter des Kapitalbesitzes und Unternehmertums». Dann kann er beschreiben «Kapitalbildung durch asketischen Sparzwang». Offenbar hat die protestantische Ethik in England deutlich länger, man darf sagen, geherrscht als auf dem Kontinent.

Im *Zauberberg* steht immerhin noch:

«Wie hätte Hans Castorp die Arbeit nicht achten sollen? Es wäre unnatürlich gewesen. Wie alles lag, mußte sie ihm als das unbedingt Achtenswerteste gelten, es gab im Grunde nichts Achtenswertes außer ihr, sie war das Prinzip, vor dem man bestand oder nicht bestand, das Absolutum der Zeit, sie beantwortete sozusagen sich selbst. Seine Achtung vor ihr war also religiöser und, soviel er wußte, unzweifelhafter Natur. Aber eine andere Frage war, ob er sie liebte, denn das konnte er nicht, so sehr er sie achtete, und zwar aus dem einfachen Grunde, weil sie ihm nicht bekam.»

Das führt dann eben dazu, dass Arbeit dem Genuss der Maria Mancini im Weg stand. Es ist angewandter Max Weber. Und Hegel und seine *Phänomenologie des Geistes* hat Hans Castorp natürlich nicht gelesen: «Die Arbeit hingegen ist *gehemmte* Begierde, *aufgehaltenes* Verschwinden, oder sie *bildet*.» An Letzterem hätte der Entwicklungsroman interessiert sein können. Jakob von Gunten (1908) schreibt in seinem Lebenslauf, er sehne sich danach, «Hochmut und die Überhebung, die ihn vielleicht zum Teil noch beseelen, am unerbittlichen Felsen harter Arbeit zerschmettern zu dürfen. […] Die Zufriedenheit desjenigen, der ihn engagiert, wird sein Himmel, und das traurige Gegenteil seine vernichtende Hölle sein, aber er ist überzeugt, daß man mit ihm und dem, was er leistet, zufrieden sein wird. Dieser feste Glaube gibt ihm den Mut, der zu sein, der er ist.»

Da steht, was jetzt jede Rechtfertigung prüft: «was er leistet». Bei Max Weber hieß das noch, es sei eine «Pflicht, im täglichen Kampf sich die subjektive Gewißheit der eigenen Erwähltheit und Rechtfertigung zu erringen». Obwohl Max Weber sich selber so gut wie nie in seine Durchschautheiten hineinziehen lässt, passiert es doch einmal: «Der Puritaner wollte der Berufsmensch sein – wir *müssen* es sein.» Vielleicht schafft man ohne Puritanismus kein Imperium. Und wenn man's dann hat, legt man Debussy-Platten auf, weil da kein «Rechtfertige dich!» hörbar ist.

So konnte man schreiben, nachdem ein ganzes Jahrhundert alle Fakultäten aufgeboten hat, um die Rechtfertigung nicht mehr der Religion zu überlassen. Philosophie, Schöne Literatur im Wettbewerb mit der Theologie. Um 1795 erschienen zwei

Romane, die nur dieser Tendenz dienten: Selbstbewusstsein, Selbstrechtfertigung ohne Religion, sozusagen ganz auf eigene Rechnung. Jean Paul: *Hesperus*, Goethe: *Wilhelm Meister*. In seiner *Vorschule der Ästhetik* sagt Jean Paul: Wir dringen jetzt «mit mehr Selbstbewußtsein [...] auf mehr Selbstbewußtsein». Goethes Bürgersohn Wilhelm will Schauspieler werden, weil nur auf der Bühne auch ein Bürgersohn in einem Glanz erscheinen kann «wie in den oberen Klassen». Und Jean Pauls Held emigriert ins eigene Innere, weil ihm nichts übrig bleibt «als die Zukunft oder Phantasie, das heißt der Roman». Aber Goethe endet nicht mit der Kunst. Der Bürger «soll leisten und schaffen; er soll einzelne Fähigkeiten ausbilden, um brauchbar zu werden, und es wird schon vorausgesetzt, daß in seinem Wesen keine Harmonie sei noch sein dürfe, weil er, um sich auf eine Weise brauchbar zu machen, alles übrige vernachlässigen muß.» Also da schon: «Der Bürger soll leisten». Das 120 Jahre vor Max Webers Entdeckung, dass die protestantische Ethik den Kapitalismus fundiere. Und Goethe hat sich eben nicht mit einem Künstlerroman zufriedengegeben. Sein Wilhelm wird Investment-Makler bei einer allerdings adeligen Firma.

Und ebenso früh und weitgehend Fichte, 1797: «[...] wenn man anfangen wird, den Menschen für seinen eigenen Gebrauch, und als Instrument für seinen eigenen Willen, nicht aber als seelenloses Instrument für andere zu bilden, dann wird die ‹Wissenschaftslehre› allgemein verständlich […] sein.» In dieser, seiner Lehre hatte er vorgemacht, wie Selbstbewusstsein per Wissenschaft produziert wird, *more geometrico* hat er es genannt. Und: «Solange Erziehung […] nur auf Brauchbarkeit durch andere hinarbeitet», sei nichts zu hoffen.

So nah waren sie einander in ihren Sprachen, und trotzdem musste Goethe den in Jena lehrenden Professor Fichte entlassen: wegen Atheismus. Das heißt: Fichte hat die Kulturkulisse offenbar nicht schonen können. Hegel liefert diesem erklärten Mangel, nämlich dem an Selbstbewusstsein, in seiner *Phänomenologie des Geistes* (1807) die Analyse. Das Selbstbewusstsein durch Anerkanntsein. Das Selbstbewusstsein des Herrn existiert «nur als ein Anerkanntes». Erst der Knecht macht den Herrn zum Herrn. Was der Knecht tut, «ist eigenes Tun des Herrn».

Die Theologie wirkte auf ihre Art mit an der Säkularisierung der Rechtfertigung. Sie machte Gott erreichbar. Und ausgerechnet Nietzsche hat, in *Menschliches, Allzumenschliches*, den Wandel vom ganz der Gnade ausgelieferten Calvinisten zum rechtfertigungsfähigen Menschen des 19. Jahrhunderts am schönsten, wenn auch nietzschehaft eingreifend beschrieben. Der durch «einige Irrtümer in das Gefühl der Selbstverachtung» geratene Christ habe erlebt, «wie jener Zustand der Verachtung, der Gewissensbisse, der Unlust überhaupt, nicht anhält […] der Mensch liebt sich wieder […] aber gerade diese Liebe, diese neue Selbstschätzung kommt ihm unglaublich vor, er kann in ihr allein das gänzlich unverdiente Herabströmen eines Gnadenglanzes von Oben sehen. Wenn er früher in allen Begebnissen Warnungen, Drohungen, Strafen und jede Art von Anzeichen des göttlichen Zornes zu erblicken glaubte, so *deutet* er jetzt in seine Erfahrungen die göttliche Güte *hinein*: dies Ereignis kommt ihm liebevoll, […] seine ganze freudige Stimmung als Beweis vor, daß Gott gnädig sei […] die Liebe, mit der er sich im Grunde selbst liebt, erscheint als göttliche Liebe». Und jetzt die Nietzsche-Pointe: Das, was Gnade und Vorspiel der Erlösung heißt, «ist in Wahrheit Selbstbegnadigung, Selbsterlösung».

So hätte man Paulus, Augustinus und Calvin «interpretieren» können: Alles macht doch der Mensch selber und macht es mit sich und für sich. Aber dann hätte man vor lauter Anwendbarkeit alles religiös Gewonnene verloren. Nietzsche lobt es, dass der Mensch des 19. Jahrhunderts unterm Einfluss Schleiermachers und anderer endlich Gott zu einer zugänglichen Größe werden ließ. Andererseits hat er dann den Gott, den die liberale evangelische Theologie mit ihren historisch-kritischen Vermittlungen domestizierte, für tot erklärt.

Vermittlung, Rechtfertigung beherrschten also Katheder und Kanzel. Karl Barth wird später noch genau darstellen, wie fremd ihm diese von der Theologie produzierte Gottesnähe geblieben ist. Und zwar so:

«Es ist sentimentale […] Selbsttäuschung zu meinen, daß etwa von Natur und Geschichte, von Kunst, Moral, Wissenschaft oder sogar Religion aus direkte Wege zu der unmöglichen Möglichkeit Gottes führen.»

So wie einmal der Ablasshandel Luther in seinem Zorn gegen die verkommene Kirche zur Reformation motivierte, so reizte Karl Barth der bürgerliche Zustand seiner Kirche. Dem Ablasshandel vergleichbar, war auf seriöserem Niveau im 19. Jahrhundert ein Rechtfertigungshandel entstanden. Max Weber hat das ohne Eifer wissenschaftlich beschrieben. Aber so nüchtern, so sachlich konnte der Pfarrersohn Karl Barth die Entwicklung seiner Kirche nicht sehen. 1920 erschien als Buch Max Webers Schrift, in der dargestellt wurde, was der Kapitalismus der protestantischen Ethik verdankt. 1919 erschien Karl Barths Kommentar zum Römerbrief in der ersten Auflage, 1922, völlig neu gefasst, in der zweiten. Darin steht: «Der Mensch Gott gegenüber, wie sollte er je und irgendwie etwas Anderes sein als der Angeklagte?» Das wurde geschrieben zwischen Kafkas *Proceß* und *Schloß*. Und Karl Barth kommt Augustinus näher als alle, die inzwischen Augustinus kommentiert hatten. Er ermäßigt Augustins Radikalität kein bisschen. Es ist fast ein Wunder, dass er ihn übertrifft, überholt, überbietet. Alles, was hundert Jahre lang in evangelischer historisch-kritischer, liberaler Theologie zu religiöser Gemütlichkeit geworden war, all das sprengt Karl Barth geradezu in die Luft, wenn er in diese bürgerlich-religiöse Szene hineinsagt: Die gegenwärtige, die sichtbare, die reale Kirche sei die Kirche Esaus, er nennt sie die «sekundäre». Er sagt das so:

> «Es ist die Kirche Esaus grundsätzlich die allein mögliche, anschauliche und bekannte Kirche, Jerusalem, Rom, Wittenberg, Genf. [...] Und es ist die Kirche Jakobs ebenso grundsätzlich die unmögliche, unanschauliche, unbekannte Kirche, die Kirche ohne Ausdehnung noch Beschränkung, ohne Ort noch Namen, ohne Geschichte, ohne Mitgliedschaft noch Aus-

schluß dieser oder jener, und in ihr ist Gottes freie Gnade, Berufung und Wahl».

Und das ist sein revolutionärer Anspruch: «Fehlt deinem Leben die Rechtfertigung, die nur Gott selbst ihm geben kann, dann fehlt ihm *jede* Rechtfertigung.» Aber da hatte gerade Max Weber begreiflich gemacht, wie die Menschen Pflicht und Arbeit in Rechtfertigung verwandelt hatten. Das Äußerste an Aussicht für uns heißt bei Karl Barth, dass der Mensch, der die Offenbarung Gottes empfängt, nur «gerettet» ist «als der Verlorene, gerechtfertigt als der nicht zu Rechtfertigende». Es ist dies im Römerbrief-Buch die Seite, auf der er Nietzsches *Zarathustra*, dieses seinem Futurismus tief verwandte Buch, zitiert: «Und nur wo Gräber sind, sind Auferstehungen.» Dass Nietzsche in seinem Buch *Morgenröte* einen temperamentvollen, aber nicht gelingenkönnenden Versuch machte, mit dem paulinischen Römerbrief fertig zu werden, sei doch angemerkt.

Auch angemerkt will sein, wie Karl Barth auf seine Kollegen wirkte. Das waren die Theologen, denen es gelungen war, den europäischen Christen zu vermitteln, dass man sich dem Alten und dem Neuen Testament näher fühlen könne, wenn man alle die historischen Bedingungen dieser wunderbaren Begebenheiten kenne. Karl Barth dagegen:

«Als der *unbekannte* Gott wird Gott erkannt: [...] als der, an den man nur ohne Hoffnung auf Hoffnung hin *glauben* kann.»

Wenn ich heute diesen Satz lese, sehe ich den in unerreichbarer Selbstzufriedenheit schmunzelnden Atheisten vor mir. Der Kirchenhistoriker Adolf von Harnack war der maßgebende Theologe dieser Zeit. Er ließ 1921, als Karl Barths Buch erschienen war, wissen: «[...] ich finde seine Ansichten übermütig, widerspruchsvoll, veraltet und unreif.» Es kam dann zu einem Dialog. Harnack stellte 15 Fragen, Barth gab 15 Antworten, Harnack befand, diese Antworten zeigten «nur die Größe der Kluft [...], die uns trennt». Harnacks Buch *Das Wesen des Christentums* wurde für die evangelische Kirche von 1900 an das Standardwerk der Epoche. Im Römerbrief-Buch lässt sich Karl Barth von der Paulus-Zeile «Sinnet gegenseitig auf das Eine, indem ihr nicht nach den Höhen sinnt, sondern euch herabführen laßt in die Niederungen!», davon lässt sich Barth nicht nur inspirieren, sondern hinreißen zu mehr als einer ganzen Seite, und er landet dann bei Harnack, aber seine Überzeugung ist von Anfang an klar:

«Das Christentum ‹sinnt nicht nach Höhen›. Es liebt es nicht, von der schöpferischen Entwicklung der Welt, von den vollendeten oder geplanten Entfaltungen und Aufbauten von Wissenschaft, Technik, Kunst, Moral oder Religion, von körperlicher und geistiger Gesundheit, von Wohlstand und Wohlfahrt, von den Herrlichkeiten etwa der Ehe, der Familie, der Kirche, des Staates, der Gesellschaft *allzu* laut und zuversichtlich reden zu hören.»

So schreibt, redet, ruft er im Jahr 1922. Und so weiter vom Christentum:

«Es sieht die Wahrheit mehr im Nein als im Ja. Es sieht die Lage des Menschen zwischen Himmel und Erde als viel zu bedroht an, als daß es […] an den Wert aller jener Werte, an die Wichtigkeit aller jener Wichtigkeiten im Ernst glauben könnte. […] Es sieht das Fragezeichen oberhalb jeder menschlichen Höhe. Es hört das heimliche Krachen im Gebälk. Und es kann nicht *über*sehen und *über*hören, was es sieht und hört. Es liebt darum die Armen, die Leidtragenden, die Hungernden und Dürstenden, die Unrechtleidenden. Es ist imstande, die Ehelosigkeit sehr ernsthaft zu empfehlen, *ohne* die Befürchtung, mit der Fortpflanzung des Menschengeschlechts ‹die

Grundvoraussetzung alles positiven Denkens› aufzuheben, ‹nämlich, daß das Leben irgendwie etwas Wertvolles sein muss› (Harnack).»

Und in der Fußnote bringt er den ganzen Harnack-Satz, aus dem er vernichtend zitiert hat. Harnack war 1922 der Inbegriff der liberalen evangelischen Theologie, und Barth war der Pfarrer aus dem Aargau. Das muss mehr als ein Gewitterdonner gewesen sein, als dieser unbekannte Pfarrer aus dem Aargau über fast 600 Seiten hin an dem, was jetzt wirklich herrschte, kein gutes Haar ließ. Nicht durch Polemik, sondern durch eine Leidenschaft eines ganz neuen Anspruchs. Oder soll man sagen: eine Leidenschaft des ursprünglichsten Anspruchs.

Wie oft so etwas passiert, weiß ich nicht. Aber ähnlich muss es gewesen sein, als Arthur Schopenhauer im Sommersemester 1820 seine Vorlesungen *Über die gesamte Philosophie oder die Lehre vom Wesen der Welt und vom menschlichen Geiste* genau auf die Stunden von Hegels Hauptkollegien anzusetzen wagte – so steht es 2011 in den «Schriften des Vereins für Geschichte des Bodensees und seiner Umgebung».

Als 1999 das Harnack-Buch vom *Wesen des Christentums* zum hundertjährigen Jubiläum wieder erschien und sein Autor als «theologischer Klassiker» gerühmt wurde, schrieb der uns schon als Experte bekannte Kurt Flasch, Harnack sei zu Unrecht durch Karl Barth verdrängt worden. Er ziehe den «milden» Harnack dem «rauen» Barth fast vor. (So meldet es jetzt das Internet.) Aber der evangelischen Kirche gereicht es zur Ehre, dass Karl Barth inzwischen als der Kirchenvater des 20. Jahrhunderts gilt. Und er hat als solcher Schleiermacher abgelöst, der mit seiner menschenfreundlichen Anempfindung die Entspannung, also Liberalisierung des Religiösen eingeleitet hat.

Eine ähnliche Erfahrung mit der kirchlich vermittelten Rechtfertigungspraxis hat im 19. Jahrhundert Kierkegaard gemacht. Es mutet doch sofort vertraut an, wenn er schreibt «das Kennzeichen der religiösen Sphäre ist, daß nämlich das Positive am Negativen kenntlich ist […] das religiöse Handeln ist am Leiden kenntlich». Und ganz Karl Barth gemäß: «[…] die Offenbarung ist am Geheimnis kenntlich». Also, wo sind wir jetzt, wenn wir angesichts der Bedürftigkeits-Größe Karl Barths zugeben müssen: In uns ist dieser Mangel eingeschlafen?

Karl Barth kann in einem ein Bedürfnis produzieren, diesen Mangel zu wecken. Ich komme mir ohne diesen Mangel ärmer vor. Auch wenn ich zugeben muss, dass ich einen Karl Barth brauche, um ihn in mir zu wecken. Wenn es Karl Barth nicht gäbe, wäre dieses Bedürfnis in mir mutlos und stumm geblieben. So aber, weil er eine solche Sprache hat, muss ich zugeben, dass ich mich seinem unanschaulichen Gott und seiner hoffnungslosen Hoffnung lieber aussetze als anderen Sprachen. Karl Barth ist nie bewegungslos, nie zufrieden. Das Dasein, wie es ist, hält er nicht aus, es macht ihn hungrig auf Zukunft. Der «neue Mensch», eine «neue Welt» kommen bei ihm andauernd vor. Aber: Alles Reden darüber hat sich «jedes direkt und nicht dialektisch gemeinten Wortes» zu «enthalten». Und dass vom Unentbehrlichsten nicht «direkt», sondern nur ausdruckshaft, also indirekt geredet werden kann, hat uns genauso schon Kierkegaard gesagt. Auch der andere Utopist, Nietzsche, im *Zarathustra*:

«Euren höchsten Gedanken aber sollt ihr euch von mir befehlen lassen – und er lautet: der Mensch ist etwas, das überwunden werden muß.»

Nietzsche und Karl Barth, beide wollen die Rechtfertigungen des geschichtlichen Menschen zerstören. Was sie verbindet, ist, dass ihnen alles Gegenwärtige als ein Mangel erscheint. In Nietzsches Nachlass kommt der Satz vor: «Der gläubige Mensch ist der Gegensatz des religiösen Menschen.» Bei Karl Barth:

«Glaube ist für alle der gleiche Sprung ins Leere. Er ist allen möglich, weil er allen gleich unmöglich ist». Beide sind eben Pfarrersöhne. Ich brauche beide. Einschlafen könnte ich ohne beide. Aber um aufzuwachen aus dieser und jener Verschlafenheit brauche ich beide. Wie die Eröffnung einer Gymnastikstunde wirkt doch dieser Karl-Barth-Satz:

> «Was sich nicht aufheben lassen, sondern sich (als Ja oder Nein!) selber rechtfertigen will, das ist eben um deswillen gerichtet.»

Noch zur Machart der Barth'schen Schreib-Leidenschaft: Im «Vorwort zur dritten Auflage» des Römerbrief-Buches stehen die Sätze, die erklären können, warum Karl Barth im 20. Jahrhundert zum Kirchenvater wurde, warum, was er und wie er schrieb, so bewegend geworden ist. Der Kommentator, schreibt er, wird «nicht *über* Paulus, sondern gewiß oft nicht ohne Seufzen und Kopfschütteln, so gut es geht, bis aufs letzte Wort *mit* Paulus schreiben». Dann noch einmal: «Reden *über* jemanden scheint mir hoffnungslos dazu verurteilt, an ihm *vorbei* zu reden und sein Grab dichter zu schließen.» Das möchte man sich gerne gesagt sein lassen.

7.

Wenn ich Professor wäre für Theologie und Literatur und Philosophie, würde ich die Studenten einladen zu einem Seminar, das heißen soll: Friedrich Nietzsche und Karl Barth.

I.

Es soll erkundet werden, ob es sinnvoll sei, Friedrich Nietzsche und Karl Barth zusammenzubringen. Und zwar zusammenzubringen durch den Vergleich zweier Bücher: *Also sprach Zarathustra* von Friedrich Nietzsche und *Der Römerbrief* von Karl Barth. Dass Gott tot sei, ist eine Nachricht, die das Zarathustra-Buch von Anfang bis Ende durchzieht. Dass Gott nur als Unbekannter vorstellbar sei und durch jeden Versuch, ihm Anschaulichkeit zu verschaffen, noch unbekannter werde, das ist das, was Karl Barth mit seinen Auslegungen des Paulus-Briefs an die Römer beschreibt.

Erstaunlich bleibt – und ein Seminar hat das zu klären –, warum, was Karl Barth revolutionär erfolgreich vorgemacht hat, nicht auf alle Beschäftigung mit sprachlicher Überlieferung gewirkt hat. Noch immer ist *über* wichtiger als *mit*. Das soll in diesem Seminar erprobt werden: nicht *über* den Zarathustra, sondern *mit* ihm soll gedacht und geredet werden. Ebenso mit Karl Barths Römerbrief-Buch.

II.

Jetzt das Material: Stellen aus beiden Büchern und Sätze, die sich aus der Beschäftigung mit diesen Stellen ergeben haben.

Karl Barth: «Als der *unbekannte* Gott wird Gott erkannt: […] als der, an den man nur ohne Hoffnung auf Hoffnung hin *glauben* kann». Und: «Nie wird Ehrfurcht und Demut vor Gott etwas anderes sein wollen als Hohlraum, Entbehren und Hoffen.» Dieses *Nie* wird in keinem Satz gemildert. Trotzdem gibt es oft genug Ausdrücke wie «der neue Mensch», «die neue Welt». Aber jedes Mal heißt es dann gleich, dass dieser «neue Mensch», diese «neue Welt» nie stattfinden wird in der Zeit, in der Welt, die unsere Zeit und unsere Welt ist.

Religion, sagt Karl Barth, ist «die grundsätzliche Außerkraftsetzung alles menschlichen Erfahrens,

Wissens, Habens und Tuns. Nichts Menschliches bleibt übrig, was mehr sein wollte als Hohlraum, Entbehren [...] als Staub und Asche». Und: «*Der Tod* ist das oberste Gesetz dieser unsrer Welt.» Ist aber Gott Gott, dann muss er der Tod des Todes sein. Der geschichtliche Mensch ist also das, was überwunden werden muss. «[...] auf der Schwelle zur *neuen* Welt, der Welt des Lebens», steht der Mensch als der, der er *nicht* ist, eben als «neuer Mensch», der den geschichtlichen Menschen überwunden haben würde. Aber wiederum: Das wird nie in Zeit und Raum stattfinden. Barth nennt es «das ewige Futurum». Und: Alles Reden darüber hat sich «jedes direkt und nicht dialektisch gemeinten Wortes» zu «enthalten».

Die Wendung vom alten zum neuen Menschen sei eine Reihe von sich widersprechenden Bildern. Wie der Vogel im Flug. Die Vorstellung ist weder in einem dieser Momente für sich noch in der Reihe der Momente fassbar, sie ist als solche die nie und nirgends gegebene Bewegung selbst. Um es in Barth'scher Kühnheit anzubieten: «Und ich bin ja als neuer Mensch nicht nur der, *der ich nicht bin*, sondern *ich bin* auch der, der ich nicht bin.»

Ist in diesen Andeutungen etwas enthalten, was es möglich oder vielleicht sogar sinnvoll erscheinen lässt, an Nietzsche und seinen Zarathustra zu denken? Der neue Mensch, der nie erscheinen wird, und Zarathustra, der den Übermenschen lehrt. Oder, auch Zarathustra:

«Ich wandle unter Menschen als den Bruchstücken der Zukunft: jener Zukunft, die ich schaue. Und das ist all mein Dichten und Trachten, daß ich in Eins dichte und zusammentrage, was Bruchstück ist und Rätsel und grauser Zufall […] alles ‹Es war› umzuschauen in ein ‹So wollte ich es!›, das hieße mir erst Erlösung!»

Und Karl Barth:

«Wir stehen vor einer umfassenden und unwiderstehlichen Aufhebung der Welt der Zeit, der Dinge und der Menschen, vor einer durchdringenden, aufs Letzte gehenden Krisis, vor einer Aufrollung alles Seins durch sein überlegenes Nicht-Sein.»

Zarathustra liebt den, «der seinen Untergang liebt». Er liebt die Verachtenden, «weil sie die großen Verehrenden sind und Pfeile der Sehnsucht nach dem anderen Ufer».

Karl Barth: «Und nicht nur um ein Wünschen

handelt es sich da, sondern um ein sehnsüchtiges Schreien».

Beide wollen den «geschichtlichen Menschen» umschaffen, überwinden, erlösen. Beide kennen keine datierbare, erreichbare Zukunft für ihren neuen Menschen oder Übermenschen. Und sie sprechen zwei Sprachen, die verschiedener von einander nicht sein könnten. So zumindest würde das Vorurteil der Zeitgenossen lauten. Da der große Religiöse, dort der ebenso große Anti-Religiöse. So spannt das Vorurteil diese zwei zusammen, wenn es sie überhaupt zusammen erwähnt.

Und: Das Zarathustra-Buch ist im Lauf der Jahre und Jahrzehnte Nietzsches wirkungsvollstes Buch geworden und geblieben. Karl Barths Buch zum Römerbrief ist auch sein wirkungsvollstes Buch geworden und geblieben.

Aber wie verschieden ist denn das von einander, wenn das Zarathustra-Buch von Anfang bis Ende durchzogen ist von der Nachricht, dass Gott tot sei, und das Karl-Barth-Buch ebenso durchzogen ist von der Nachricht, dass Gott nur erkannt werden könne als der unbekannte Gott, als der, an den man nur ohne Hoffnung auf Hoffnung hin glauben kann?

Zarathustra lehrt, Gott war bisher Menschenwerk. Bei allem sei eines unmöglich: Vernünftigkeit. Und zitiert, dass das Leben selber zu ihm gesprochen habe: «Ich bin das, was sich immer selber überwinden muß.» Und: «Dein Fuß selber löschte hinter dir den Weg aus, und über ihm steht geschrieben: Unmöglichkeit.»

Das Karl-Barth-Wort für Unmöglichkeit heißt Unanschaulichkeit. Alles, was in die Zukunft führt, muss unanschaulich sein. Sobald es anschaulich ist, ist es «Menschenwerk».

Was die zwei, Nietzsche und Karl Barth, zutiefst verbindet, ist die Unversuchbarkeit durch etwas Gegenwärtiges. Karl Barth feiert das Unanschauliche, das durch jeden Pakt mit dem, was als Überlieferung und Gegenwart des Anschaulichen herrscht, verdorben wird, erledigt. «Gott ist nur Gott, wenn er der Tod des Todes ist, und das ist die Auferstehung Christi, und ohne den Glauben an diese Auferstehung ist alles nichts.» Das ist Karl Barths Unerbittlichkeit. «Der Glaube ist für alle der gleiche Sprung ins Leere. Er ist allen möglich, weil er allen gleich unmöglich ist.»

In seiner Zarathustra-Zeit hat Nietzsche einen Satz geschrieben, der erst aus seinem Nachlass veröffentlicht wurde, den also Karl Barth nicht kennen konnte: «Der gläubige Mensch ist der Gegensatz des religiösen Menschen.» Der gläubige Mensch, dem Karl Barth von Anfang an begegnet, in Kirche und Gesellschaft, das ist der Mensch, der seinen Glauben als positives Gut hat, als Ausstattung sozusagen. Der religiöse Mensch ist der, der erlebt, dass er nichts hat. Und als wolle Nietzsche Karl Barths Projekt weiterhelfen, rät Zarathustra «Königen und Kirchen und allem, was alters- und tugendschwach ist – laßt euch nur umstürzen! Daß ihr wieder zum Leben kommt, und zu euch – die Tugend!»

In seinen ekstatischen Momenten kann Zarathustra nicht aufhören zu rufen, er sei Zarathustra, der Gottlose. Das wird allen, die den ermäßigten, den anschaulichen Gott pflegen, ins Gesicht geschrien. Diesen Gott ist Zarathustra los. Dass er aber auch noch mitteilt, Gott sei gestorben, das verrät, aus welchen Herkünften Nietzsche stammt. Da spürt man den Pfarrersohn.

Und was ist Karl Barth? Ein Pfarrersohn. Er spricht aus Erfahrung, wenn er sagt:

«Denn keine menschliche Gebärde ist an sich fragwürdiger, bedenklicher, gefährlicher als eben die religiöse Gebärde. [...] von der ehrlichsten Aufgeklärtheit bis zur saftigsten Metaphysik. Und man täusche sich nur nicht: Von demselben Verdacht und Duft umgeben ist auch alles, was sich am *Gegensatz* zu der religiösen Erscheinungswelt orientiert: also das religiöse Jasagen sowohl wie das antireligiöse

Neinsagen […] das anspruchsvolle Reden *und* das anspruchsvolle Schweigen […] also auch der Protest gegen die religiöse Gebärde überhaupt, von Nietzsche bis hinab in die Niederungen der gewöhnlichen Pfaffenfresser […] Was sich nicht aufheben lassen, sondern sich (als Ja oder Nein!) selbst rechtfertigen will, das ist eben um deswillen gerichtet.»

Er zertrümmert die edle Riege der Gottesmänner. Zum Beispiel die «vernichtende Heiligkeit Tolstois». Weder Franziskus von Assisi noch Tolstoi kann bestehen. Am ehesten noch Dostojewski.

Nietzsche liefert die Parallelaktion: «[…] die Dichter lügen zu viel». Und: «Aber auch Zarathustra ist ein Dichter.» Sagt er selbst und ergänzt: «[…] *wir* lügen zu viel.» Alles sehen die Dichter nur «gleichsam». «[…] alle Götter sind Dichter-Gleichnis, Dichter-Erschleichnis!» Und: «Ich wurde der Dichter müde», sagt er.

Also im Verhältnis zur eigenen Profession gleichen Nietzsche und Karl Barth einander. Die religiösen Gebärden sind so wenig zu retten wie die literarischen. Und so wie Karl Barth Dostojewski als einzigen gelten lässt, sagt Zarathustra voraus, dass der Geist der Dichter seiner selbst müde werden wird. Dieser Hauch Dialektik lässt hoffen. Vor allem, dass Zarathustra sich auf seine eigene Mission besinnt: «Ich bin von Heute und Ehedem […], aber etwas ist in mir, das ist von Morgen und Übermorgen und Einstmals.» Da ist sie wieder, die Angewiesenheit auf Zukunft. Absolute Zukunft.

Karl Barth hat in Nietzsche noch die beste Sorte Anti-Religion gesehen. Aber er hat brauchen können, was Nietzsche (in den *Unzeitgemäßen Betrachtungen*) über den «heroischen Menschen» sagt, der von sich nichts mehr hoffe, der, zitiert Karl Barth, «in allen Dingen bis auf den hoffnungslosen Grund sehen» will, weil, fährt er dann selber fort, «dort die Hoffnung ist». Das ist die Dialektik, die jede Bewegung Karl Barths leitet.

Nietzsche in den *Unzeitgemäßen Betrachtungen*: «Goethe haßt jedes Gewaltsame, jeden Sprung – das heißt aber: jede Tat; und so wird aus dem Weltbefreier Faust gleichsam nur ein Weltreisender.» Zu Karl Barth hätte ihm nichts dergleichen Entspanntes einfallen können.

Einmal kommt eine Seite, da lässt Karl Barth Luther und Nietzsche nach einander auftreten. Zuerst Luther, so unerbittlich streng wie Karl Barth selbst:

«So du willst Miterbe sein des Herrn Jesu Christ und sein Bruder sein und ihm gleichwerden und nicht mitleiden, so wird er dich gewißlich am Jüngsten Tag für keinen Bruder und Miterben anerkennen, sondern wird dich fragen, wo du deine Dornenkrone, Kreuz, Nägel und Geißel habest, ob du auch der ganzen Welt ein Gräuel gewesen seist, wie er selbst und alle seine Glieder gewesen sind von Anfang der Welt her. Wo du dann solches nicht beweisen kannst, so wird er dich auch nicht für seinen Bruder haben können.»

Und ohne selber das Wort zu ergreifen, lässt er jetzt Nietzsche, den er gerade «in allen Dingen bis auf den hoffnungslosen Grund» sehen ließ, lässt er Nietzsche jetzt fortfahren:

«Die alten Denker suchten mit allen Kräften das Glück und die Wahrheit – und nie soll einer finden, was er suchen muß, lautet der böse Grundsatz der Natur. Wer aber Unwahrheit in allem sucht und dem Unglücke sich freiwillig gesellt, dem wird vielleicht ein anderes Wunder als Enttäuschung bereitet: etwas Unaussprechbares, von dem Glück und Wahrheit nur götzenhafte Nachbilder sind, naht sich ihm, die Erde verliert ihre Schwere, die Ereignisse und Mächte der Erde werden traumhaft, wie an Sommerabenden breitet sich Verklärung um ihn aus. Dem Schauenden ist, als ob er gerade zu wachen anfinge und als ob nur noch die Wolken eines verschwebenden Traumes um ihn her spielten. Auch diese werden einst verweht sein: dann ist es Tag».

Und so fährt, von Nietzsche, dem Dichter, gestimmt, Karl Barth fort, nicht *über* Nietzsche, sondern *mit* Nietzsche:

«Blind und stumm und gerade darum sehend und redend, leidend und gerade darin triumphierend, erkennen und lieben die Kinder Gottes ihren Vater; denn seine ‹Herrlichkeit wird sich an ihnen offenbaren›. *Sie wird* – das ist ihre große Not. *Sie wird* – das ist ihre unendlich größere Hoffnung.»

Und damit wir nicht vor lauter Zuversicht blind werden für unsere Lage, schließt er:

«Das Futurum resurrectionis erinnert uns auch hier, daß wir bei dem Allem von Gott und nicht von einer menschlichen Möglichkeit geredet haben.»

Er sagt, «bei dem Allem» haben sie von Gott geredet. Und zu «Allem» hat er da auch Nietzsche gezählt.

Karl Barth entdeckt Nietzsches Zukunftsprogramm schon in den *Unzeitgemäßen Betrachtungen* und kann ihn ausgiebig brauchen für seine Beschreibung dessen, was allem Geschaffenen noch fehlt:

> «Wenn die gesamte Natur sich zum Menschen hindrängt, so gibt sie dadurch zu verstehen, daß er zu ihrer Erlösung vom Fluche des Tierlebens nötig ist und daß endlich in ihm das Dasein sich einen Spiegel vorhält, aus dessen Grunde das Leben nicht mehr sinnlos, sondern in seiner metaphysischen Bedeutsamkeit erscheint. Doch überlege man wohl: wo hört das Tier auf, wo fängt der Mensch an? Jener Mensch, an dem allein der Natur gelegen ist! … Wir kommen für gewöhnlich aus der Tierheit nicht heraus, wir selbst sind die Tiere, die sinnlos zu leiden scheinen. Aber es gibt Augenblicke, wo wir dies begreifen; dann zerreißen die Wolken, und wir sehen, *wie wir samt aller Natur uns zum Menschen hindrängen, als zu Etwas, das hoch über uns steht* … Aber wir fühlen zugleich, wie wir zu schwach sind, jenen Augenblick der tiefsten Einkehr lange zu ertragen, und *wie nicht wir die Menschen sind,*

nach denen die gesamte Natur sich zu ihrer Erlösung hindrängt: viel schon, daß wir überhaupt einmal ein wenig mit den Köpfen heraustauchen und es merken, in welchen Strom wir tief versenkt sind. Und auch das gelingt uns nicht mit eigener Kraft ... »

Und Barth kann da fortfahren:

«Das ist die Wahrheit; die Aufmerksamkeit des Geschaffenen *wartet* auf die Offenbarung der *Söhne Gottes*. Sie wartet *mit* uns, nein sie wartet *auf* uns.»

Dann weiter im Text mit Calvin. Und nimmt gleich darauf noch einmal «die Söhne Gottes» auf und führt den Satz so zu Ende, als habe auch Nietzsche von den «Söhnen Gottes» gehandelt:

«Beim Erscheinen der Söhne Gottes ‹und durch ihr Erscheinen, macht die Natur, die nie springt, ihren einzigen Sprung und zwar einen Freudensprung, denn sie fühlt sich zum ersten Mal an ihrem Ziele› (Nietzsche)».

Und fügt hinzu: «Ewig ist auch die Welt: in Gott nämlich, als die Welt des neuen Himmels und der neuen Erde». Da ist es kein Wunder, dass er den so erreichten Zukunftston (neuer Himmel, neue Erde) mit einer Stelle aus dem *Zarathustra* abschließt, aus dem Kapitel «Von der schenkenden Tugend». Diese paar Zeilen aber drücken aus, dass Nietzsche seinen Zukunftston schon in den *Unzeitgemäßen Betrachtungen* hat anklingen lassen, dass er aber erst im *Zarathustra* zur Tonart schlechthin geworden ist:

«Wahrlich eine Stätte der Genesung soll noch die Erde werden und schon liegt ein neuer Geruch um sie, ein heilbringender und eine neue Hoffnung.»

Das darf man den Stil der Verkündigung nennen. Aber auch diesmal muss Karl Barth alle sich einstellen wollende Idylle zerstören mit seinem Generalthema: «Wir wissen, daß wir, wenn wir von der Herrlichkeit Gottes reden, eine Zukunft meinen, die nie und nimmer Zeit sein wird.»

Beide kommen nicht aus ohne Zukunft, die mehr ist als eine auf Vergangenheit und Gegenwart folgende Zeit. Für beide ist der Mensch der Gegenwart ein Grund, eine Zukunft zu schaffen. Keiner von beiden kann ausdrücken, wie diese reale Gegenwart in jene absolute Zukunft führen soll. Aber beiden ist nichts wichtiger als diese unerreichbare Zukunft.

Zarathustra: «[…] ich wüsste nicht zu leben, wenn ich nicht ein Seher wäre, dessen, was kommen muß.» Und: Eine «Zukunft selber und eine Brücke zur Zukunft – und ach, auch noch gleichsam ein Krüppel an dieser Brücke: das alles ist Zarathustra.»

Die Unbeweisbarkeit des Weges, den Karl Barth Satz für Satz erst schaffen muss, um ihn gehen zu können, ist genau so verführerisch wie die Sprech- und Sprachbewegungen Zarathustras, die nichts sind als Sprech- und Sprachbewegungen. Dichtung. Karl Barths Sprache ist nicht weniger Dichtung als die Sprache Nietzsches. Aber beide erinnern an eine Zeit, in der es den Unterschied zwischen Dichtung und Religion nicht gab. Die Psalmen. Das Alte und das Neue Testament. Die Sprache Seuses oder Swedenborgs. Karl Barth tanzt genauso mit den Wörtern wie Zarathustra, aber es sind andere Wörter, und es ist ein Tanz mit der Negation, ein dialektischer Tanz also:

«Es kann einer dem anderen etwas sein, freilich nicht indem er ihm etwas sein *will*, […] nicht durch das, was er *ist*, wohl aber durch das, was er *nicht* ist, durch seine Armut, durch sein Seufzen und Hoffen, Warten und Eilen, durch alles das in seinem Wesen, was auf ein anderes hinweist, das *über* seinen Horizont und *über* seine Kraft geht.»

Das Christliche wäre ein Missverständnis, wenn es «statt Hohlraum Inhalt, statt konkav konvex, statt negativ positiv, statt Ausdruck des Entbehrens und der Hoffnung Ausdruck eines Habens und Seins sein wollte». Das ist eine, das ist seine Leidenschaft, uns erlebbar zu machen, dass uns etwas fehlt und was uns fehlt. Man muss diese Negations-Paraden nachzutanzen versuchen, um dann zu landen bei dem Satz: «Wenn Gott also lebendig macht, so tut er es, indem er tötet». In der Unerbittlichkeit kann er sich immer auf Paulus berufen. «[…] der Glaube, sofern er in irgend einem Sinn mehr als Hohlraum sein will, ist Unglaube.» Aber auch der Glaube macht nicht gerecht. «[…] denn welcher Fromme», lautet ein Satz, «träte Gott *nicht* zu nahe?»

Es bleibt dann nur «der Ort, der überhaupt kein Ort ist, sondern nur das Moment der Bewegung des Menschen durch Gott». Und an anderer Stelle: «[…] das ‹Seiende› muß als Nicht-Seiendes erkannt sein, damit das Nicht-Seiende als Seiendes angesprochen werden kann.» Diese Tanzschritte der Dialektik dienen der Notwendigkeit einer Bewegung, die als Ziel die Negation der Negation hat, und das ist der

Tod unseres Todes beziehungsweise das Nichtsein unseres Nicht-Seins. Und alles, damit gesagt werden kann, Christus sei für uns gestorben. Das als Faktum, das den neuen Menschen begründet. Aber wiederum dazu: «Es war nie unser Lebensinhalt und er wird es nie werden, weil es in seinem Wesen die kritische Negation aller Lebens*inhalte* ist.» Und: «Ein anderes Sein des neuen Menschen gibt es nicht als unser Nicht-Sein». Aber es ist jetzt der «Inhalt der Heilsbotschaft», dass es «einen Tod gibt, der der Tod des Todes ist».

Und ganz genau so, wie Karl Barth nie versäumt, seinen Negationsparaden mitzugeben, dass sie nie Hier und Jetzt glücklich enden, genauso wenig versäumt es Nietzsche, den Untergang zu feiern von allem, was er feiert. Seine Liebe gehört den Untergehenden, dem Untergang. Und das ist immer der Satz: «Er liebt den, der den Untergang liebt!» Den Übermenschen kündigt er an als «den Blitz aus der dunklen Wolke Mensch». Und dann: «Euren höchsten Gedanken aber sollt ihr euch von mir befehlen lassen – und er lautet: der Mensch ist etwas, das überwunden werden muss.» Auch Zarathustra selber. Erst wenn seine Jünger ihn verleugnet haben werden, will er sie wieder finden. Und das Leben selbst sagt zu ihm: «[...] ich bin das, was sich immer selber überwinden muß.» Und: «Die Untergehenden liebe ich mit meiner ganzen Liebe: denn sie gehen hinüber.» Auch «der Beste ist noch etwas, das überwunden werden muß!» Rings um ihn «dämmernde Menschen-Zukünfte». Also, da ist kein bisschen mehr hiesige Erreichbarkeit und Rechtfertigungs-Chance als bei Karl Barth ...

Wenn es bei absoluten Positionen noch Unterschiede gäbe, könnte man sagen, der Zarathustra des IV. und letzten Teils sei um einen Hauch näher an einem Ziel als der, der drei Teile lang den Untergang alles Gegenwärtigen forderte und feierte. Auf jeden Fall ist der Dichter Nietzsche im IV. Teil versöhnlicher als vorher. Der IV. Teil wirkt fast wie ein Verrat an den anderen drei Teilen. Man war eben verwöhnt von den Gloriolen des Untergangs. Zarathustra vergisst es, den Übermenschen zu fordern, als er den «höheren Menschen» entdeckt in Exemplaren, die er vorher abgelehnt hatte. Bei Karl Barth dagegen kein Jota Einlenken ins Menschlich-Hiesige. Das soll jeder Leser mit sich abmachen.

Jetzt noch: Es gibt ein Medium, das den beiden bei ihren absoluten Paraden dient. Bei Nietzsche ist es die Schönheit, bei Karl Barth die Gnade. Beides sind absolute Kräfte. Beide dienen den unerreichbaren Zielen: dem neuen Menschen und dem Übermenschen.

Karl Barth: Gnade «ist und bleibt immer *Gottes*

Kraft, Ankündigung des *neuen* Menschen, der *neuen* Natur, der *neuen* Welt […] Sie ist und bleibt hierseits negativ, unsichtbar […] Daß sie lauter Ja ist, Rettung, Trost und Aufbau […] das muß […] im Blick auf den in Jesus angekündigten Tag der Erfüllung – geglaubt werden.»

Dass Nietzsche von Anfang an «das Dasein und die Welt» «nur als ästhetisches Phänomen […] ewig gerechtfertigt» gesehen hat, wird im *Zarathustra* noch einmal in jedem Verlauf erlebbar. Den Beweis liefern die auch heute immer wieder auftretenden Gegner dieses Werkes. Sie schmähen den Zarathustra-Stil und sind dann auch Gegner dessen, was im *Zarathustra* als Inhalt vorgeführt wird. Das muss nicht zitiert werden. Zarathustras Lehre: «[…] wo man nicht mehr lieben kann, soll man – vorübergehn!», sagt ihnen nichts. «Den Gott verhüllt seine Schönheit», sagt Zarathustra in einer mehr als alle Sinne eines Menschen bewegenden Passage seiner Rede «Vor Sonnen-Aufgang».

Wir müssen – in einem Seminar – zum Glück niemanden überzeugen, wenn wir versuchen, selber umzugehen mit hochgestimmten Sätzen.

III.

Zur Kenntlichkeit: Karl Barth ist von Grund auf ein Bewegungsmensch, dem angesichts des ihm begegnenden Religiösen nichts übrigbleibt, als alles aufzulösen in Bewegung. Dialektische Theologie heißt es dann. Nietzsche passt in diese Begrifflichkeit nicht hinein. Seine dichterischen Momente wirken oft wie nicht hinterfragbar. Durch ihre Schönheit werden wir zu bloßen Genießenden.

Es darf aber versucht werden, Nietzsches Bilder, Sprüche, Suaden und Szenen zu erleben, wie er sie erlebt. Wir kriegen mit, wie ihm bewusst wird, was er erlebt. Ob er es feiert oder vernichtet, es ist ein Sprachvorgang, der den, der da feiert oder vernichtet, verändert. Nichts bleibt als Erlebtes bloß Gefeiertes oder Vernichtetes, wir erleben die Veränderungen Zarathustras.

Ein Beispiel:

«Seit es Menschen gibt, hat der Mensch sich zu wenig gefreut: das allein, meine Brüder, ist unsere Erbsünde!»

So ruhig, so tief erfahren kommt ein Satz ans Licht. Aber dann die Entwicklung:

«Und lernen wir besser, uns zu freuen, verlernen wir am besten, anderen wehe zu tun».

Schon ABER wäscht er sich die Hand, die einem anderen half, und wischt sich auch noch die Seele ab. Weil er sich vor dem, dem er geholfen hat, schämt, und zwar weil er den, dem er geholfen hat, beschämt hat, sich vergangen hat an dessen Stolz. Das ist bei Nietzsche immer eine Dialektik in Stationen. Da treibt nicht eine Negations-Energie die Sätze ins immer reinere Negative wie bei Karl Barth, sondern jede Position wird erlebt als ein Grund weiterzumachen. Die Verfeinerung der Verfeinerung der Verfeinerung. Egal, ob preisend oder vernichtend. Der Autor erfährt erst durch jede neue Position, was jetzt kommen muss. Und wir erfahren es mit ihm. Und diese Sprachbewegung ist, um es mit Nietzsche zu sagen, ein aus sich rollendes Rad, das aber hier eine erhabene Mission hat: die Durchleuchtung des Mitleids. Was das Mitleiden vermag und verdirbt – das wird nicht nur in einer Passage, sondern im ganzen Buch erlebt und vorgeführt bis zu dem Satz, dass Gott gestorben sei an seinem Mitleid mit den Menschen. Es ist die Dialektik der Entblößung.

IV.

Eine Hoffnung, die sich kühn anfühlt oder vermessen: Nietzsche, den Pfarrersohn, heimzuholen. Also aufzuzählen, nachzuweisen, wie viel evangelische Theologie noch übriggeblieben ist in ihm und in seinem *Zarathustra*.

Eine Anregung: Alle, die an dem Seminar teilnehmen wollen, können abstimmen: Wie soll das Seminar heißen? Vorgeschlagen wird, es soll heißen: PFARRERSÖHNE. Erwünscht wäre, dass jede Teilnehmerin und jeder Teilnehmer mit der Anmeldung eine Stimme abgibt. JA oder NEIN genügt.

V.

Noch ein bisschen Utopie:

Das Seminar soll stattfinden immer am Freitag von 13 bis 15 Uhr. Dass wir in Schwung kämen, das wäre die Utopie. Bei nichts sonst sind wir so auf andere angewiesen wie beim Schwung. Wir brauchen einander, weil wir einsam sind von Natur aus. Nietzsches Einsamkeit ist legendär. Karl Barth hat vierzig Jahre nach seinem Römerbrief-Buch in seiner *Einführung in die evangelische Theologie* die Einsamkeit des Theologen in dem Kapitel «Die Gefährdung der Theologie» behandelt. Diese *Einführung* wird immer dabei sein in unserem Seminar. Was sich vierzig Jahre lang in ihm, bei ihm, durch ihn gehalten hat, das ist zu Herzen gehend. Der «neue Mensch im neuen Kosmos» als Thema der Theologie! Und dass die Theologie eine «fröhliche Wissenschaft» ist, hat er im Römerbrief-Buch öfter als Nietzsche-Zitat verwendet. 1962 in der *Einführung* kommt das ohne Anführungszeichen vor. Das darf man wohl Verinnerlichung nennen.

Noch zwei Karl-Barth-Sätze von Nietzsche'scher Kühnheit aus der *Einführung* könnten dem Seminar als Motto dienen:

1. Dass «alle Wissenschaft als solche Theologie sein» müsste.
2. Dass «jeder Christ als solcher auch zum Theologen berufen» ist.

Wenn also das Seminar einmal zustande käme (im Wintersemester 2012/13), dann ist nicht einzusehen, warum es nicht ein Jahr später wieder zustande kommen sollte. Das heißt: Dieses Seminar – und heiße es PFARRERSÖHNE – könnte Jahr für Jahr im Wintersemester immer am Freitag stattfinden. So lange eben, wie es uns noch vergönnt ist, dergleichen zu wollen.

Mit freundlichen Grüßen,
Der Professor

8.

Wenn ich von einem Atheisten, und sei es von einem «bekennenden», höre, dass es Gott nicht gebe, fällt mir ein: Aber er fehlt. Mir. Wenn ich gefragt werde, wie das bei mir sei mit dem Schreiben, sage ich meistens: Mir fällt ein, was mir fehlt. Oder ich sage: Meine Muse ist der Mangel. Allerdings sage ich gern dazu: Nichts ist ohne sein Gegenteil wahr. Dieser Satz ruht sich, wenn er gesagt ist, aus. Zu sehr. Es fehlt, dass auch nichts ohne das Gegenteil des Gegenteils wahr ist. Bei Karl Barth produziert jedes Ja ein Nein und jedes Nein ein Ja. Eigentlich müsste man sagen: produziert jedes Ja sein Nein und jedes Nein sein Ja. Was auch immer der Mangel sei, man schreibt und spricht nicht, um ihn zu bestätigen oder ihm recht zu geben, sondern weil man ihn sich nicht gefallen lassen kann.

Ich war immer ein Leser. Also bin ich auch ein Bewusstseinstheater, in dem die Texte aus 2000 Jahren nie ganz verstummen wollen. Und es gibt tausend Anlässe, zu denen sie sich melden. Auf einen bekennenden Atheisten zum Beispiel antwortet in mir ganz von selbst Augustinus mit seinem Bekenntnis-Buch:

«Erhabenster, Gütigster, Machtvollster und Gerechtester, Verborgenster und Allgegenwärtigster, Lieblichster, Kraftvollster [...] Du stehst felsenfest und bist doch nicht erkennbar [...] Welchen Wert haben überhaupt unsere Worte, wenn man von Dir redet?»

Dann gleich Hölderlin, haarscharf:

«Was ist Gott? unbekannt, dennoch
Voll Eigenschaften ist das Angesicht
Des Himmels von ihm.»

Oder:

«Je mehr ist eins
Unsichtbar, schicket es sich in Fremdes.»

Oder:

«Nah ist
Und schwer zu fassen der Gott.»

Das muss doch etwas heißen, dass drei, einer am Ende des 4. und einer am Ende des 18. Jahrhunderts und einer am Anfang des 20. Jahrhunderts, dass drei so gleichgestimmt von Gott sprechen, einmal als «nicht erkennbar» und zweimal als «unbekannt», und müssen trotzdem sprechen von ihm. Und ich habe noch gar nicht angeführt die Schluss-Lage Nietzsches in den *Dionysos-Dithyramben*:

> «Da floh er selber,
> Mein letzter einziger Genoß,
> Mein großer Feind,
> Mein Unbekannter,
> Mein Henker-Gott!»

Und schließlich:

> «Oh komm zurück,
> Mein unbekannter Gott! Mein Schmerz! Mein
>   letztes –
> Glück!»

Ob in der Augustinischen Fülle oder in der nur noch genau sein könnenden Sprache Hölderlins, ich muss daran interessiert sein, die Genauigkeitsfähigkeit der Sprache begreiflich zu machen. Dafür habe ich ein Beispiel, das mir zeigt, wie verlässlich Sprache sein kann. Drei Zitate.

Hölderlin: «Meine Seele ist, wie ein Fisch aus ihrem Elemente auf den Ufersand geworfen, und windet sich und wirft sich umher, bis sie vertrocknet in der Hitze des Tages.»

Robert Walser: «Was soll ich mit Gefühlen anfangen, als sie wie Fische im Sande der Sprache zappeln und sterben zu lassen?»

Franz Kafka: «Gestern und heute ein wenig geschrieben [...] Es ist trotz aller Wahrheit böse, pedantisch, mechanisch, auf einer Sandbank ein noch knapp atmender Fisch.»

Und keiner hat vom anderen gewusst.

Der Mangel ist schwerer erfassbar als die Anwesenheit.

Wenn Nietzsche in seinem *Ecce homo* sagt: «Atheismus versteht sich bei mir aus Instinkt», dann ahne ich doch, was das für ein Gott ist, der ihn in diesen -ismus trieb.

In *Ecce homo* gibt er auch Auskunft, wie der *Zarathustra* entstand: «Der Begriff Offenbarung, in dem Sinn, daß plötzlich, mit unsäglicher Sicherheit und Feinheit, etwas *sichtbar*, hörbar wird, etwas, das einen im Tiefsten erschüttert und umwirft, beschreibt einfach den Tatbestand.» Und er scheut nicht das Wort «Offenbarung»! Und: «[...] eine Glückstiefe, in der das Schmerzliche und Düsterste nicht als Gegensatz wirkt».

In der Vorrede zu *Ecce homo* nennt er sich einen «Jünger des Philosophen Dionysos». Wieder so ein Wort: «Jünger»! Also ganz am Schluss dieses Bekenntnis zu Dionysos, der auch den Anfang bestimmte: *Die Geburt der Tragödie aus dem Geiste der Musik*. Jetzt, am Schluss, gibt er richtig Auskunft über das Dionysische. Es sei das «Jasagen zum Gegensatz […] das *Werden,* mit radikaler Ablehnung auch selbst des Begriffs ‹Sein›». Und dass Dionysos, das Dionysische, im Unterschied zum Apollinischen überhaupt nicht darstellbar sei, erreicht mich, seit ich Barth gelesen habe, deutlicher als früher.

Der Ursprung der Tragödie ist Dionysos, nicht Apollo, ist der Chor, nicht die Szene des Dramas. Die «dionysische Kunst» ist nicht «in den Erscheinungen, sondern hinter den Erscheinungen» zu suchen. Seinen Zarathustra nennt er später einen «dionysischen Unhold». Es sei, sagt Nietzsche, «eine unanfechtbare Überlieferung, dass die griechische Tragödie in ihrer ältesten Gestalt nur die Leiden des Dionysos zum Gegenstand hatte». Und es passt mir, «dass alle die berühmten Figuren der griechischen Bühne, Prometheus, Oedipus usw. nur Masken jenes ursprünglichen Helden Dionysos sind».

Nachdem ich Karl Barth gelesen hatte, souffliert mir Nietzsches Paar Apollo und Dionysos, es dürfe mich erinnern an Karl Barths Paar Esau und Jakob. Die jederzeit vorstellbare Kirche Esaus – «Jerusalem, Rom, Wittenberg, Genf» –, das erinnert mich an die problemlose Präsenz Apollos. Unvorstellbar und weitreichend aber die Kirche Jakobs und der

Mythus des Dionysos. Barths Hauptwort für Gott ist Unanschaulichkeit. Der jüngere Karl Barth hat sich nicht vom jungen Nietzsche einnehmen lassen, der in seinem wilden Buch geschrieben hatte: «[...] denn nur als ästhetisches Phänomen ist das Dasein und die Welt ewig gerechtfertigt». Ich habe mich von diesem Satz einnehmen lassen. Wenn auch nicht in der Castorp'schen Version, dass Debussy-Musik die Rechtfertigungsfrage zum Schweigen bringe. Wir können dieses Zitat von der Rechtfertigung der Welt als ästhetisches Phänomen einreihen in die Unmenge von Zitaten, die den durch Gottes Abwesenheit entstandenen Mangel ausdrücken. Das 19. Jahrhundert flirrt von Angeboten, die diesem Mangel sinnstiftend und rechtfertigungsbereit zu Hilfe kommen. Und die Musik hat eine Rolle gespielt, die im Castorp-Zitat nicht vorkommt. Und wieder ist es Nietzsche, der hilft:

> «[...] wie überhaupt die Musik, neben die Welt hingestellt, allein einen Begriff davon geben kann, was unter der Rechtfertigung der Welt als eines ästhetischen Phänomens zu verstehen ist.»

Er spricht da über die «Dissonanz» in der Musik. Und die «lustvolle Empfindung der Dissonanz in der Musik». Am Ende heißt es: «Das Dionysische, mit seiner selbst am Schmerz perzipierten Urlust, ist der gemeinsame Geburtsschoß der Musik und des tragischen Mythus.» Dass wir die Dissonanz genießen können, das drücke unsere Fähigkeit aus, in der Tragödie mehr zu sehen, als uns gezeigt wird. Da möchte man sagen: Und so weiter. Aber nicht ohne den Satz, mit dem Aischylos seine Prometheus-Tragödie und Nietzsche sein wildes Buch schließt: «[…] wie viel mußte dies Volk leiden, um so schön werden zu können!»

Das ist es eben: Etwas muss schön sein, und schön wird es nur durch Schmerz, durch bestandenen Schmerz. Im Schmerz, den Prometheus bei Aischylos erleidet, erreicht er einen Grad der Einsamkeit, der in keinem heutigen Kunstwerk auch nur ahnbar ist. Aber wir verstehen diesen Extremisten der Wut und des Gekränktseins Wort für Wort. Es ist historischer Verlauf in mythischem Material. Es ist die extremste Kampfansage gegen Machtausübung, hier gegen die Macht des Machthabers Zeus. Die Maßlosigkeit dieser Kampfansage in aller Qual und Einsamkeit schafft die dionysische Frequenz, das heißt: Wir genießen das schlechthin Unzumutbare, die reine Verneinung unseres Fassungsvermögens. Bis zum letzten Prometheus-Satz: «Seht, welch Unrecht ich erdulde!»

Wem es heute nicht einleuchtet, dass durch diese Tragödie das Dasein der Welt gerechtfertigt sei, dem darf gesagt sein, dass diese Tragödie das Geschichtliche überhaupt zeigt. Der Prometheus-Text erhebt sich kein bisschen über die Situation der misslingenden Geschichte hinaus. Aber misslungen müsste die andauernd misslingende Geschichte erst genannt werden, wenn kein Prometheus mehr schriee. Dann hätte Zeus gesiegt – aber das ist schon herausgepresste Interpretation, das ist der Verrat des unfassbar Dionysischen an das brauchbar Apollinische. Die absolute Dissonanz gibt keine Anweisung. Sie wirkt. Verstörend. Aber eine Wirkung ist eben: Die absolute Dissonanz tut gut. Macht und Machthaber und Machtausübung, eine einzige Hässlichkeit. Und selbst der, der durch die Macht zerstört wird, wird dadurch nicht schön. Shakespeares Richard II. kann, solange er Macht ausübt, nur höhnen und quatschen. Nach dem Machtverlust wird er schön und weise, eine Art Dichter.

Von Nietzsche lernen können, das wär's. «Nur Narr! Nur Dichter!» Das ist sein Refrain ganz am Schluss, in den *Dionysos-Dithyramben*. Aber davor noch, also im Herbst 1888: *Der Anti-Christ*. Ich löse aus seinen jetzt hemmungslos antichristlichen Suaden Stellen, die verraten, dass er vielstimmig bleibt. Also: «Das ‹Reich Gottes› ist nichts, das man erwartet; es hat kein Gestern und kein Übermorgen […] es ist überall da, es ist nirgends da.» (Das ist bei Karl Barth genauso zu lesen.) Und: «Man hat aus dem Gegensatz zum Evangelium die *Kirche* gebaut». (Auch das kennen wir von Karl Barth; nur genauer.) Und: «[…] im Grunde gab es nur Einen Christen, und der starb am Kreuz. Das ‹Evangelium› *starb* am Kreuz». Und: «[…] das echte, das ursprüngliche Christentum wird zu allen Zeiten möglich sein […] Nicht ein Glauben, sondern ein Tun». Das ist ein extrem einseitiges Zitieren, denn *Der Anti-Christ* heißt mit Recht so, das Christentum ist da unrettbar schlimm. Und doch diese Gegentöne! Und im allerletzten Werk, in den *Dionysos-Dithyramben*, in denen er «Nur Narr! Nur Dichter!» sein will, zerstört er zwar noch einmal alle möglichen «Tugend-Standbilder», aber er braucht für alles, was jetzt noch kommt, Gott. Wenn er sich zum Beispiel als Europäer sieht, sich brüllen hört als «moralischer Löwe», dann kommt geradezu bekenntnishaft: «Und da stehe ich schon, als Europäer, ich kann nicht anders, Gott helfe mir! Amen!» Und seine Ariadne lässt er klagen:

«Wozu – mich martern,
Du schadenfroher unbekannter Gott».

Oder sogar:

> «Du Folterer!
> Du – Henker-Gott!»

Und hier noch einmal:

> «Da floh er selber,
> Mein letzter einziger Genoß,
> Mein großer Feind,
> Mein Unbekannter,
> Mein Henker-Gott!»

Und auch:

> «Oh komm zurück,
> Mein unbekannter Gott! Mein Schmerz! Mein
>   letztes –
> Glück!»

Und schließlich Dionysos:

> «Sei klug, Ariadne! […]
> Man muß nicht erst hassen, wenn man sich lieben soll?»

Danach wieder mit seiner eigenen Stimme:

«[…] was alle hassen,
was allein *ich* liebe:
daß *du ewig* bist!»

Im Abgesang ist Nietzsche dann Zarathustra. Nur noch Zarathustra. «Von der Armut des Reichsten» ist das überschrieben. Der Reichste, das ist Zarathustra. Und zu ihm redet nur noch die «Wahrheit»:

«Du mußt *ärmer* werden,
weiser Unweiser!
Willst du geliebt sein.
Man liebt nur die Leidenden,
man gibt Liebe nur dem Hungernden:
verschenke dich selbst erst, o Zarathustra!
Ich bin deine Wahrheit […]»

Wenn man diese Tonart vergleicht mit den herrisch-hygienischen Tiraden gegen das Christentum, ahnt man, was alles in einem einzigen Menschen vor sich gehen kann. Ab dem 1. Januar 1889 unterschreibt er, was er als Brief schreibt, nur noch mit «Der Gekreuzigte» oder mit «Dionysos».

Ich muss mir das durch keinen «Zusammenbruch» erklären. Das wilde erste Buch verschreibt er ganz dem Dionysos. Ist dann die Schluss-Landung bei Dionysos nicht ganz von selbst sinnvoll? Und dass «Der Gekreuzigte» ihm jetzt noch die Hand führt, muss man sich das damit erklären, dass der Autor da nicht mehr «normal» gewesen sei? O ihr Gelehrten! Es geht um das Geständnis, dass die Dissonanz gut tut.

Unwillkürlich empfinde ich eine Art Dankbarkeit diesem unendlich empfindlichen Nietzsche gegenüber. Er hat in diesem aufs Beweisbare, Machbare versessenen 19. Jahrhundert den Mangel nicht betäubt. Dass bei ihm die Rechtfertigung ein Bedürfnis blieb, darf man, wenn man sieht, was alles sonst er mit hellem Hohn zerrissen hat, bestaunen.

Was haben wir noch von denen, die vor uns diesen Mangel erlebten?

Die Augustinus-Stelle, die mir die liebste ist, sagt: Wenn wir merken, dass unsere Gebete flau werden, und wir merken, dass uns das schmerzt, dann beten wir schon. Und aus den *Dionysos-Dithyramben*:

«Oh komm zurück,
Mein unbekannter Gott! Mein Schmerz!»

Diese Dithyramben sind Nietzsches schönstes Gedicht. In der fast gleichzeitigen *Ecce homo*-Prosa wütet er noch maßlos gegen Paulus. Da kommt er mir vor wie der «gefesselte Prometheus», zu dem der Zeus-Knecht Hermes sagt: «Du wärst unerträglich, wenn du glücklich wärst.» Dann die dithyrambische Selbsterlösung. Wenn diese Dithyramben nicht so schön wären, wären sie nicht so erlösend. Ich reihe ihn ein unter die Gottesmänner von Augustinus bis Karl Barth. Sie alle sind Anwohner, wie Karl Barth es ausgedrückt hat, des «leeren Offenbarungskanals». Und was für eine Bewegungsenergie entwickeln sie genau dadurch, dass ihnen Gott fehlt. Usw.

Jetzt fehlt er offenbar nicht mehr. Darum fehlt die Bewegungsenergie um der Rechtfertigung willen.

9.

Früher.

In unserem Dorf hat es Fromme gegeben. Der Schuhmacher Gierer. Ich habe unzählige Stunden bei ihm verbracht. Er auf einer Art Schemel, sodass er sich vom niederen Arbeitstisch mit allem bedienen konnte, was er brauchte. Ich auch auf einem Schemel, bemüht, immer schon zu bemerken, was er gleich brauchen würde, um es ihm zu reichen. Ich sechs, sieben Jahre alt, er Mitte oder Ende sechzig. Heute weiß ich: Er war fromm. Dass er mir, obwohl ich nicht verwandt war mit ihm, lange der nächste Mensch war, das muss von seiner Frömmigkeit gekommen sein. Nicht weil er den Rot-Kreuz-Dienst versah, war er fromm, sondern weil alles, was er tat, wirkte, als tue er es für einen anderen. Und Schuhe wieder herzurichten ist ein vielfältiges Handwerk, und was alles dazugehört – bei ihm wirkte alles, als folge er einer Bestimmung. Als ich aus dem Krieg zurückkam, hieß es, der Schuhmacher Gierer habe sich unter den Zug gelegt. Ich habe nicht gehört, dass sich darüber jemand gewundert hat.

Auf der anderen Straßenseite der Schuhmacher

Schorer. Er und seine Frau waren ununterbrochen mit ihren Rosenbäumchen beschäftigt. Die standen so weit auseinander, dass keins das andere berührte. Und es gab immer etwas daran zu tun. Mit Schere und Schnur. Frau Schorers Stimme hörte man weithin. Herrn Schorer hat man nie gehört. Er hatte einen kleinen Laden, man kaufte bei ihm den Schulranzen und die Skischuhe. Er stellte, was man kaufen wollte, auf den Ladentisch und trat gleich wieder zurück. Er sagte wirklich nichts. Ich lege nicht zu viel in ihn hinein, wenn ich sage: Er genierte sich, etwas zu verkaufen. Er wusste, dass keiner, der zu ihm kam, um den Schulranzen oder die Skischuhe zu kaufen, wirklich gut gestellt war. Damals. Deshalb tat es ihm leid, dass jetzt gleich Geld ausgegeben werden müsste und er der sein würde, der das Geld einnahm. Er war fromm. So leise wie fromm.

Anton Grübel war strahlend fromm. Er sang. Er hatte einen Tenor, der ihn unter anderen Umständen auf die Bühnen der Welt gebracht hätte. Bei uns in den Gesangverein und in den Kirchenchor. Seine alle Höhen feiernde Stimme hat in Wasserburg eine Zeitlang eine unwiederbringliche Schönheit geschaffen. Aber weil er durch und durch fromm war, hatte sein Tenor nichts Theatralisches oder Eitles oder irgendwie auf den Sänger Hinweisendes. Er trug seine Stimme vor, als gehöre sie nicht ihm, als sei sie etwas, das ihm geliehen war, damit in diesem Dorf schön gesungen werde.

Der vierte Fromme war mein Vater. Der war anders fromm als die anderen. Er war weltfromm. Da ich, wenn es um ihn geht, vielleicht voreingenommen bin, will ich das nicht weiter ausführen. Er war fromm, egal, was er tat. Absolut fromm, könnte man sagen. Bei ihm wirkte alles, was er tat, leicht. Er tat alles, als sei er eigentlich irgendwo ganz anders. Ernst war er nur, wenn er spielte, Klavier.

Heute.

Maria Menz, Dichterin: «Ja, wir adressieren an Gott, wenn wir den vollkommenen Antritt meinen.» Und so radikalisiert Maria Menz Shakespeares «bereit sein ist alles»: «Seinsein ist alles». Ein Leben lang wirft sie sich ein wie einen Brief an diesen immer fehlenden Gott.

«[...] großverwundert laß ich mich verbrauchen, die ich meinen Film nicht weiß.»

Wer diese Dichterin, eine Bauerntochter aus Oberessendorf, kennengelernt hat, der hat erlebt, was das aus einem Menschen macht, von diesem fehlenden Gott nicht loszukommen.

«[…] aber die Verlorenheit
der Prüfungen größte, ist kronenwürdig,
denkwürdig.»

In Thomas Gottschalks Show «Wetten, dass …?» stürzt einer so, dass er dann gelähmt liegt. Gottschalk berichtet: «Schon am Tag nach dem Unfall habe ich in der Frühe mit der Familie im Hotelzimmer ein Vaterunser gebetet. Das hat uns eine gemeinsame Ebene gegeben, ihnen in ihrer Verzweiflung, mir in meiner Ratlosigkeit. Da war plötzlich eine Nähe da, auch eine Form von Geborgenheit.»

Das Kreuzzeichen in der letzten Zehntelsekunde vor dem Start eines Sprinters. Oder bei einem großen Sänger; in dem Augenblick vor dem Auftritt, vor dem Gesehenwerden noch ganz schnell das Kreuzzeichen.

Eine Frau schreibt mir: «Bei Ihnen geht es noch immer um Fragen des Glaubenkönnens anstatt des bereits Gewissheit erlangten, klaren Einsehens der grenzenlosen Liebe, die der Schöpfer für alle seine Kinder hat. Ja, er liebt auch Sie grenzenlos und würde sich sehr freuen, wenn Sie diese Liebe erwidern würden.» Ich bewundere diese Sprache, die nicht meine Sprache ist.

Und jetzt schickt mir ein Freund aus der Schweiz einen Zeitungsartikel, in dem drei Vorträge des amerikanischen Philosophen Ronald Dworkin in Bern angekündigt werden. Seine Überschrift: «Ich glaube nicht an Gott, aber ich vermisse ihn.» Das ist eine Nachricht, die mich natürlich froh macht. Eine Nachricht gegen die Selbstgenügsamkeit des sogenannten Atheisten.

In der Welt des Atheisten hat doch die Leere keinen Platz. Leere gibt es nur dort, wo Gott fehlt. Und wo er dann durch keinen -ismus ersetzt wird. Eine Welt ohne Leere ist eine zu arme Welt.

In meinem Tagebuch steht am 6. März 1981:

«Die Entwicklung der Sprache führt ganz von selbst zur Erschaffung von so etwas wie Gott. Gott ist wahrscheinlich das reinste Wort, das es gibt. Die pure Wortwörtlichkeit. Das vollkommene Sprachwesen. Das Sprachliche schlechthin. In GOTT kommt die Sprache zu sich selbst. Sagt ER zu den Studenten. Nein, zu den Journalisten. Die brauchen das mehr als alle anderen, weil sie mit der Sprache umgehen, ohne daran zu denken, dass sie mit Gott umgehen. Das Höchste, was wir haben, ist also aus Sprache. Daran denkt doch, bitte, wenn ihr euer Wesen mit der Sprache treibt.»

10.

Nach mehr als einem Gerücht ist Kafka der Autor, der in der ganzen Welt am meisten gelesen wird. Er ist aber auch der Autor, der waghalsigere Sprachexpeditionen in die Sphäre der Rechtfertigung unternommen hat als jeder andere Autor. *Der Proceß*: die rücksichtsloseste Gewissenserforschung in der Schönen Literatur. Man sollte sie eine Sportart nennen, um sie vor landläufigen Missverständnissen zu schützen. Am besten als Hochsprung. Am allerbesten als Stabhochsprung. Kafka macht uns den Gewissens-Stabhochsprung vor.

Dass dir Unrecht geschehen ist, genügt nicht, dich im Recht zu sehen.

Weiter! Im Verachtetsein liegt die allergrößte Freiheits-Chance.

Weiter! Du bist nicht der, der du bist. Du wärst gern der, der du nicht bist.

Weiter! Sei einverstanden, ein Anfänger zu sein.

Weiter! Nichts ist so schwer zu fassen wie Lebensfreude.

Weiter! Die Sprache entspricht nichts als sich selbst.

Weiter! Ich gestehe also, dass ich mich nicht mehr berühren lasse von dem, was der Welt gerade am meisten wehtut.

Weiter! Das Lästige am Intellektuellendasein: Man müsste andauernd an der eigenen Verurteilbarkeit mitarbeiten.

Weiter! Dass wir etwas schön finden können, halte ich für unsere zukunftsreichste Fähigkeit.

Weiter! Es geht um das Geständnis, dass die Dissonanz gut tut.

Weiter! Das hat noch nichts mit Kunst zu tun. Prometheus: «Kunst ist so viel machtloser als Notwendigkeit.»

Weiter! Die Lage des Prometheus wäre trostlos, wenn es das Stück von Aischylos nicht gäbe.

Weiter! Du weißt, dass du nichts tun wirst. Dass du nicht gerechtfertigt werden kannst.

Weiter! Es ist noch keinem so gut gegangen wie dir. Es geht um die Ununterworfenheit. Ja, Schmerzlosigkeit.

Weiter! Dir war beigebracht worden, nach einem unverwechselbaren Gesicht zu streben. Es ist dir nicht gelungen, unverwechselbar zu werden. Eine Zeit lang wolltest du dich gar nicht mehr rühren vor Enttäuschung. Jeden Morgen hast du dein Gesicht gehasst. Im Spiegel. Was du dich dazu sagen hörtest, war dir widerlich. Es ekelte dich an, von dir immer wieder diese nach Unverwechselbarkeit trachtenden Sätze zu hören. Während du gesprochen hast, spürtest du, dass du es nicht ausgehalten hättest, das, was du sagen wolltest, einfach zu sagen. Ohne dass du etwas dagegen tun konntest, verunstaltete ein übermächtiger Wille alles, was du sagen wolltest, in einer ganz bestimmten Weise: kosmetisch. Immer würgte das interessante Wort das richtige ab.

Weiter! Du hast geglaubt, in deiner Vorliebe für das Gegenteil wirke auch eine Vorliebe für das Unterlegene. Peinlich blieb, dass du die Gegenmeinungen, die sich in dir bildeten, sowohl unterdrücken als auch verschweigen konntest. Zuerst hast du gedacht, durch dich werde ein neuer Ton entstehen, eine Sprache, in der, was bis jetzt nicht gesagt werden konnte, endlich ausgesprochen werde. Du hast dich nicht getraut. Es ist durch dich nichts möglich geworden.

Weiter! Wohin sich wenden, wenn man weg muss von sich?

Weiter! In deinem Zögern, in deiner lächerlichen Unfähigkeit, dich zu entscheiden, kommt deine ganze Illegitimität zum Ausdruck.

Weiter! Du reagierst wie ein auf Moral programmierter Computer. Kein besonders teures Modell. Du weißt, was gut ist. Du willst gut sein. Du schaffst es nicht. Du tust immer so, als würdest du es später einmal schaffen, deshalb verbirgst du, dass du es im Augenblick nicht schaffst. Du lügst den Unterschied zwischen dem, was du denkst, und dem, was du sagst, weg. Tun tust du sowieso nichts. Du wirst immer reagieren, wie es sich gehört. Und du wirst nie, solange du lebst, mit deinen Reaktionen übereinstimmen. Ist das so?

Das ist so.

Was willst du dagegen tun?

Nichts.

Du willst nichts gegen dich tun.

Nein.

Dann bist du kein Ironiker.

Sondern?

Ein Heuchler. Der Heuchler, das hat schon Hegel gesagt, ist dem Ironiker ziemlich ähnlich. Der Unterschied ist nur, dass der Heuchler verbergen will, dass er heuchelt, während der Ironiker darauf hinweist, dass er heuchelt.

Ja, meint denn der Ironiker diesen Hinweis auf seine Heuchelei ernst?

Er weist darauf hin, so gut er kann. Den Grad seines Ernstes müssen die bestimmen, vor denen er es tut. Jeder wird in dem Geständnis des Ironikers, dass er ein Heuchler sei, so viel Ernst entdecken, wie er selber aufbringen würde, wenn er sich als Heuchler bezeichnen müsste. Wenn einer sagt: Des Ironikers

Geständnis, er sei ein Heuchler, sei reine Ironie, also mehr Scherz als Ernst, aber als Ironie sei es so und so schön, dann sagt er dadurch nur, dass er, sollte er zu seiner eigenen Heuchelei Stellung nehmen, das immer nur im Scherz tun würde. Er weiß, es lässt sich so machen, dass die Leute, auf die es ankommt, immer noch sagen: Was für eine reizende Ironie! Es ist eingeführt, das für eine Frage des Könnens zu halten bzw. der Begabung. Es gibt da Genies. Und wenn es Genies der Ironie geben kann, dann heißt das, dass die genial sind in der Art, sich selber Vorwürfe zu machen. Was aber, möchte man da fragen, hätten sich solche noch vorzuwerfen?

Weiter!

Erwachend kaum
und zugedeckt vom frommen Schnee,
sinken wir zurück zur Frühe.
Dem Kristall der schönen Not
entkommt nur Licht.
Ich möchte nichts wissen,
was die Kerze nicht weiß.
Die Welt gehört unter die Haube.

Quellenverzeichnis

Aischylos: *Der gefesselte Prometheus*. Übersetzt von Johann Gustav Droysen. Berlin 1868.
Aischylos. Deutsch in den Versmaßen der Urschrift von Johann Jakob Christian Donner. Stuttgart 1854.
Augustinus Aurelius: *Bekenntnisse (Confessiones)*. Übersetzt und eingeleitet von Otto Ferdinand Lachmann. Hrsg. von Maximilian Hörberg. München 2009.
Augustinus von Hippo: *Logik des Schreckens. De diversis quaestionibus ad Simplicianum I 2*. Deutsche Erstübersetzung von Walter Schäfer, hrsg. und erklärt von Kurt Flasch. Mainz 1990.
Barth, Karl: *Der Römerbrief: Zweite Fassung 1922*. Bd. 1 und 2 der Gesamtausgabe. Zürich 2010 [1922].
Barth, Karl: *Einführung in die Evangelische Theologie*. Gütersloh 1980 [1962].
Barth, Karl: *Offene Briefe*. Band 5. Zürich 2001.
Dostojewski, Fjodor M.: *Aus dem Dunkel der Großstadt*. Frankfurt a. M. 1998.
Eberle, Christian Gustav (Hrsg.): *Martin Luthers Auslegung der Epistel an die Galater (1865)*. Whitefish (Montana) 2010.
Fichte, Johann Gottlieb: *Versuch einer neuen Darstellung der Wissenschaftslehre (1797/1798)*. Philosophische Bibliothek Band 239. Hamburg 1984 [1797/1798].
Goethe, Johann Wolfgang von: *Wilhelm Meisters Lehrjahre*. Berlin 1960 [1795/96].
Harnack, Adolf von: *Das Wesen des Christentums*. Hrsg. von Claus-Dieter Osthövener. Tübingen 2005 [1900].

Hegel, Georg Wilhelm Friedrich: *Die Phänomenologie des Geistes*. Georg Friedrich Hegels Werke. Vollständige Ausgabe. Zweiter Band. Hrsg. von D. Johann Schulze. Berlin 1832 [1807].

Hölderlin, Friedrich: *Sämtliche Werke. Große Stuttgarter Ausgabe*. Bd. 2. Hrsg. von Friedrich Beißner. Stuttgart 1951.

Jean Paul: *Hesperus oder 45 Hundposttage. Eine Lebensbeschreibung*. Jean Pauls ausgewählte Werke. Dritter Band. Berlin 1847 [1795].

Jean Paul: *Vorschule der Ästhetik*. Nach der Ausgabe von Norbert Miller herausgegeben, textkritisch durchgesehen und eingeleitet von Wolfhart Henckmann. Hamburg 1990 [1804].

Kafka, Franz: *Der Proceß*. Roman. In der Fassung der Handschrift. Hrsg. von Malcolm Pasley. Frankfurt a. M. 1990 [1925].

Kafka, Franz: *Die Verwandlung*. In: *Das Urteil und andere Erzählungen*. Frankfurt a. M. 2005 [1915].

Kafka, Franz: *Das Schloß*. Roman. In der Fassung der Handschrift. Hrsg. von Malcolm Pasley. Frankfurt a. M. 1982 [1926].

Kafka, Franz: *Tagebücher 1914–1923*. Frankfurt a. M. 1994.

Kierkegaard, Søren: *Abschließende unwissenschaftliche Nachschrift zu den Philosophischen Brocken*. Bände 1–2. Übersetzt von Hans Martin Junghans. Düsseldorf 1957 [1846].

Mann, Thomas: *Der Zauberberg*. Frankfurt a. M. 1981 [1924].

Mann, Thomas: *Tonio Kröger*. Frankfurt a. M. 1996 [1903].

Menz, Maria: *Gedichte*. Sigmaringen 1981.

Menz, Maria: *Briefe 1*. Briefwechsel mit Martin Walser. Hrsg. von Claus-Wilhelm Hoffmann. Eggingen 2005.

Nietzsche, Friedrich: *Also sprach Zarathustra*. Werke in

drei Bänden hrsg. von Karl Schlechta. Band 2. München 1982 [1886].

Nietzsche, Friedrich: *Der Antichrist*. Werke in drei Bänden hrsg. von Karl Schlechta. Band 2. München 1982 [1894].

Nietzsche, Friedrich: *Die Geburt der Tragödie aus dem Geiste der Musik*. Werke in drei Bänden hrsg. von Karl Schlechta. Band 1. München 1982 [1872].

Nietzsche, Friedrich: *Dionysos-Dithyramben*. Werke in drei Bänden hrsg. von Karl Schlechta. Band 2. München 1982 [1889].

Nietzsche, Friedrich: *Ecce homo*. Werke in drei Bänden hrsg. von Karl Schlechta. Band 2. München 1982 [1908].

Nietzsche, Friedrich: *Gesammelte Briefe*. Band 1. Bremen 2010.

Nietzsche, Friedrich: *Morgenröte*. Werke in drei Bänden hrsg. von Karl Schlechta. Band 1. München 1982 [1881].

Nietzsche, Friedrich: *Unzeitgemäße Betrachtungen*. Werke in drei Bänden hrsg. von Karl Schlechta. Band 2. München 1982 [1873–1876].

Walser, Martin: *Erfahrungen beim Verfassen einer Sonntagsrede: Friedenspreis des Deutschen Buchhandels 1998*. Frankfurt a. M. 1998.

Walser, Martin: *Angstblüte*. Roman. Reinbek 2006.

Walser, Robert: *Dichter*. In: Robert Walser: *Dichtungen und Prosa*. Genf und Frankfurt a. M. 1961. [1899/1900].

Walser, Robert: *Jakob von Gunten. Ein Tagebuch*. Frankfurt a. M. 1984 [1909].

Weber, Max: *Die Protestantische Ethik und der Geist des Kapitalismus*. Hrsg. und eingeleitet von Dirk Kaesler. München 2004 [1904/05, überarb. Ausg. 1920].

Ziegler, Ernst: *Arthur Schopenhauer. Seine Reisen an Rhein und Bodensee*. In: Schriften des Vereins für Geschichte des Bodensees und seiner Umgebung 129 (2011).

Martin Walser

«Kaum einer vermag die Verwerfungen und Abgründe in den menschlichen Verhältnissen besser auszuloten als Martin Walser.»
Volker Hage, *Der Spiegel*

DER AUGENBLICK
DER LIEBE
Roman
256 Seiten. Gebunden
978 3 498 07353 4

ANGSTBLÜTE
Roman
480 Seiten. Gebunden
978 3 498 07357 2

DAS GESCHUNDENE TIER
Neununddreißig Balladen
88 Seiten. Gebunden
978 3 498 07359 6

EIN LIEBENDER MANN
Roman
288 Seiten. Gebunden
978 3 498 07363 3

TOD EINES KRITIKERS
Roman
272 Seiten. Kartoniert
978 3 499 25226 6

MUTTERSOHN
Roman
512 Seiten. Gebunden
978 3 498 07378 7

DIE VERWALTUNG DES
NICHTS
Aufsätze
288 Seiten. Gebunden
978 3 498 07354 1

LEBEN UND SCHREIBEN 1
Tagebücher 1951–1962
672 Seiten. Gebunden
978 3 498 07355 8

LEBEN UND SCHREIBEN 2
Tagebücher 1963–1973
720 Seiten. Gebunden
978 3 498 07358 9

LEBEN UND SCHREIBEN 3
Tagebücher 1974–1978
592 Seiten. Gebunden
978 3 498 07369 5

Das für dieses Buch verwendete Papier ist FSC®-zertifiziert.